U0523069

培育和践行社会主义核心价值观

一词一句一古文

小学语文学习任务群

余云德 等 编著

中国大百科全书出版社　知识出版社

编著人员

（深圳市余云德教育科研专家工作室）

余云德	洪钰龄	丛晓妍	樊万清	舒　林
王　干	谭晨冬	肖　啸	林　艳	马金香
钟艳榴	王冬梅	胡荣基	周靖雯	邵　成
刘　恋	陈　洁	姜　玮	赵晨曦	陈静颜
樊萍丽	施蓉芳	黄芯璇	吴晓颖	何　如
姚　珏	曾雅莉	何小娜	叶晓芬	石　慧

题图 / 何柏俊

序 言

科学的探索　智慧的结晶

当下，课程改革尤其是语文教学改革向我们提出了不少新要求、新任务。这些新要求、新任务蕴含着前瞻性理念和现实性挑战。无论是理念的前瞻还是现实的需求，都为我们留下了创造、探索的空间。挑战即机遇，谁抓住机遇，谁走在探索之路上，谁就有可能开辟新领域、构建教学新样式，既回应改革的要求，又能站在一个创新的高地上。这当然需要有勇气、有敏感性，还需要智慧和实力。

深圳市余云德教育科研专家工作室就是这样的探索者。他们的敏感在于思考教育改革的一个重大问题：如何将培育和践行社会主义核心价值观真正落实到教育教学的全领域、全过程中。我们可以看到，社会主义核心价值观教育已融入现有的教材中，而且成为鲜明的导向。不过，余云德老师和他的团队思考更多的是，这样的融入固然重要，但还可以进一步加强，得到更充分的开发，让社会主义核心价值观教育更加凸显，效果更鲜明。无疑，这样的追问与思考体现了他们的教育意识以及责任感、使命感。他们的智慧在于如何进一步有机融入，找到学科教学中的融入点、落脚点。这样的融入是自觉的，不是被动的；是鲜明的，不是盲目的；是有机的，不是割裂的；是科学的、"柔性"的，不是"硬性"的、外加性的。他们自然想到语文课程标准里提出的学习任务群。学习任务群可以是一个主题或是一个专题，任务形成链条，可以构建任务群。课标里有对任务群的结构和类型的规定，但仍然提倡生成与创造。于是，他们自然地想到社会主义核心价值观的培育和践行应当而且可以构建成语文的学习任务群。这是由责任、使命推动形成的智慧选择，这样的选择具有宏大性、战略性和根基性。

难题还在后面。其中一个难题是，培育和践行社会主义核心价值观的学习任务群，不是附加式的活动，不是说教式的活动，而是基于语文学科特质和功能的活动，说到底它还是面向语文的活动，是面向语文学习的活动，而且是面向小学生的语文学习的活动。于是，他们把思想的箭头指向中华优秀传统文化。社会主义核心价值观根植于中华优秀传统文化的土壤中，与中华优秀传统文化根脉相连、魂脉相通，充分体现了中华文明的连续性、创新性、统一性、包容性与和平性，渗透着中华优秀传统文化的底色与本色——伦理道德；践行社会主义核心价值观，从中华优秀传统文化中寻找文化渊源，进而增强文化自信。这是培育和践行社会主义核心价值观的必由之路，为学生搭起了培养正确价值观的幸福桥梁。从这个角度看，余云德老师和他的团队们有很强的文化自觉，并在文化自觉中推进了文化进步。

中华优秀传统文化博大精深，源远流长。精准选择中华文化的精髓，在文化思想的深处让传统文化与社会主义核心价值观发生自然连接，这需要对中华优秀传统文化有更全面更深入的了解和理解，还要做大量的文献研究。在这方面，余云德老师和他的团队下足了功夫，就像编织了一张巨大的文化之网，加以对照、比较、选择，这本身是个学习和弘扬中华优秀传统文化的过程。最终他们逐步摸索到一个办法："一词一句一古文"。其中，"一词"是"指依据社会主义核心价值观12个核心词，以儿童视角作相应文本解读后选取与其内涵相通的、具有典型性的四字例词"；"一句""源于'一词'，是其核心内涵的古文文句举例阐释"；"一古文"是"指蕴含例词、例句内涵的小古文文段"。他们还解释，"其实，语文学习活动还离不开前面有'一字'，即借用独特的字理感知中华文化"。这确实是个最佳办法。"一词一句一古文"具有中华文化久远的渊源性和深厚的意蕴，还具有很强的节律感的审美性，短小精悍，朗朗上口，易读易记。同时，凸显了中华母语的言语规律：从字到词到句到文，体现了相互依存、相互支撑、相互促进的整体性。孩子们不仅在学语言文字，还在领悟社会主义核心价值观的要义。这样的学习任务群构建是科学的，令人钦佩不已。

面对着余云德老师和他团队研发的"一词一句一古文"小学语文学习任务群一览表，我感慨万千，引起许多想法：如前所述，这是一张文化之网，处处彰显着中华文化意义之深远；这是中华文化的百花园，处处绽放着中华文化的美学之花；这是中华文化的星空，处处放射出中华文化的思想智慧之光。社会主义核心价值观就在其中闪耀，透射出我们的理想信念，映射出中华民族美好的未来，照亮了语文世界，照亮了孩子们的心灵。

  这是创新性的探索，值得肯定，值得点赞。尽管这仍是一个需要不断完善的过程，但是余云德老师和他的团队已将这设想转换成教学设计，已使其成为课堂教学和语文综合学习的样式，这就是了不起的进步。相信他们将会在适宜性和精准性上有更大的进展，也祝愿他们走得更深更远。

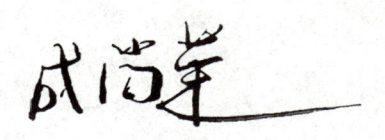

成尚荣

成尚荣先生序言手稿

目 录

培育和践行社会主义核心价值观：
"一词一句一古文"小学语文学习任务群 / 1

第一课　自强不息 / 14
- ① 学习内容 / 16
- ② 自学要求 / 18
- ③ 教学设计 / 19
- ④ 课堂实录 / 23

第二课　仁者爱人 / 32
- ① 学习内容 / 34
- ② 自学要求 / 36
- ③ 教学设计 / 37
- ④ 课堂实录 / 40

第三课　文质彬彬 / 50
- ① 学习内容 / 52
- ② 自学要求 / 54
- ③ 教学设计 / 55
- ④ 课堂实录 / 58

第四课　和而不同 / 66
- ① 学习内容 / 68
- ② 自学要求 / 71
- ③ 教学设计 / 72
- ④ 课堂实录 / 76

第五课　道法自然 / 90
- ① 学习内容 / 92
- ② 自学要求 / 93
- ③ 教学设计 / 94
- ④ 课堂实录 / 97

第六课　有容乃大 / 104
- ① 学习内容 / 106
- ② 自学要求 / 109
- ③ 教学设计 / 112
- ④ 课堂实录 / 117

第七课　天下为公 / 128
　①学习内容 / 130
　②自学要求 / 132
　③教学设计 / 133
　④课堂实录 / 138

第八课　奉公守法 / 150
　①学习内容 / 152
　②自学要求 / 156
　③教学设计 / 157
　④课堂实录 / 160

第九课　家国情怀 / 170
　①学习内容 / 172
　②自学要求 / 175
　③教学设计 / 176
　④课堂实录 / 180

第十课　知行合一 / 190
　①学习内容 / 192
　②自学要求 / 194
　③教学设计 / 195
　④课堂实录 / 198

第十一课　无信不立 / 204
　①学习内容 / 206
　②自学要求 / 209
　③教学设计 / 210
　④课堂实录 / 215

第十二课　上善若水 / 224
　①学习内容 / 226
　②自学要求 / 228
　③教学设计 / 229
　④课堂实录 / 233

培育和践行社会主义核心价值观：
"一词一句一古文"小学语文学习任务群

【摘　要】构建基于培育和践行社会主义核心价值观的"一词一句一古文"小学语文学习任务群，围绕"价值观"统领、"对应点"联系、"任务群"学习、"融通面"育人的逻辑，将抽象的观念与具象的文化相连，将深奥的典籍与简明的故事相通，将语文的方式与生活的实践相融。通过字生词、词连句、句成文、文载道，实现道立人，把中国智慧的思维、修身、艺术有机融入时代新人的核心素养中，全面落实立德树人的根本任务。

【关键词】社会主义核心价值观　一词一句一古文　学习任务群　小学语文教学

如何在小学阶段培育和践行社会主义核心价值观？怎样发挥中华优秀传统文化课程的培根铸魂、启智增慧作用？构建与实施"一词一句一古文"小学语文学习任务群是一条有效途径。

一、社会主义核心价值观融入小学语文学习的价值意蕴

（一）响应时代召唤，全面落实"立德树人"的根本性价值意蕴

中共中央办公厅印发的《关于培育和践行社会主义核心价值观的意见》明确指出，培育和践行社会主义核心价值观，是推进中国特色社会主义伟大事业、实现中华民族伟大复兴的中国梦的战略任务。培育和践行社会主义核心价值观要从小抓起、从学校抓起。

社会主义核心价值观不仅在内容上涵盖了法治思想、人文精神、理想信仰等内容，充分体现中华民族的民族性格，继承优秀传统文化的核心思想，而且在形式上借鉴了《礼记》的布局结构：从个人到社会，再到国家、天下，逐步升格人的精神追求，将个人与国家利益紧密联系。

在小学语文学习活动中融入社会主义核心价值观，是响应时代

号召，全面落实"立德树人"的重要途径。在构建与实施"一词一句一古文"小学语文学习任务群的过程中，传承中华优秀传统文化，塑造健康人格，锻造人文底色，培养语文素养，提高鉴赏能力，开拓德育途径，有利于学生形成正确的价值观、必备品格和关键能力，做有理想、有本领、有担当的时代新人，从而全面落实立德树人的教育根本任务。

（二）传承民族精神，牢固树立"文化自信"的重要性价值意蕴

习近平总书记指出，培育和践行社会主义核心价值观必须立足中华优秀传统文化。我们要讲清楚中华优秀传统文化的历史渊源、发展脉络、基本走向，讲清楚中华优秀传统文化的独特创造、价值理念、鲜明特色，增强文化自信和价值观自信。博大精深的中华优秀传统文化是我们在世界文化激荡中站稳脚跟的根基。

2022年版《义务教育语文课程标准》（以下简称"新课标"）明确，语文核心素养包括文化自信、语言运用、思维能力、审美创造。其中，"文化自信"排在首位。文化自信是指学生认同中华文化，对中华文化的生命力有坚定信心，热爱中华文化，继承和弘扬中华优秀传统文化。新课标还明确要求：中华优秀传统文化要围绕创造性转化和创新性发展，确定中华优秀传统文化内容主题，注重弘扬讲仁爱、重民本、守诚信、崇正义、尚和合、求大同等核心思想理念；弘扬有利于促进社会和谐、促进人们向上向善的中华人文精神；弘扬自强不息、敬业乐群、扶危济困、见义勇为、孝老爱亲等中华传统美德。

总的来说，社会主义核心价值观的发展离不开中华优秀传统文化的支撑，中华优秀传统文化同样需要社会主义核心价值观的创新，才能在新时期焕发活力，得到进一步发展。社会主义核心价值观与中华优秀传统文化一脉相承。因此，将社会主义核心价值观融入小学语文学习，特别是古文学习，具有传承民族精神、牢固树立文化自信的重要意义。

（三）打好母语基础，科学实现"语言运用"的必要性价值意蕴

汉字里蕴含着中华文化的基因，彰显着中华文化的价值和力量；

每一个汉字都讲述了一个中国故事，每一个词语都闪烁着中华文化的思想光芒，生动、精辟、深刻、准确地阐明了弘扬中华优秀传统文化极其重要的意义和价值；每一段语言都凝聚着中华优秀传统文化中的精华，具象地阐释着中国智慧的思维与艺术。

文言文凝聚着中华传统文化中的智慧，构建"一词一句一古文"小学语文学习任务群，从培育和践行社会主义核心价值观出发，在大量国学原典中爬梳剔抉，筛取内涵相通的12个例词，提取中华优良的文化基因，帮助学生感悟中国智慧精髓，传承中华文化观念。

小学阶段是学生培根铸魂、启智增慧的重要阶段。经典的文言文是中华优秀传统文化的核心价值的最佳载体，学生在古文学习的过程中，全面打好母语基础，潜移默化受其影响，形成价值认同、文化自信，从而在传统文化中涵养良好人格品质，形成共同的价值取向，科学实现语言系统构建。

二、"一词一句一古文"小学语文学习任务群的内涵与特征

（一）"一词一句一古文"小学语文学习任务群的基本内涵在于"点面之要"

语文学习任务群是由相关联的系列学习任务组成，共同指向发展学生的核心素养，具有情境性、实践性和综合性。"一词一句一古文"任务群的构建与实施，试图将原本抽象的中华民族思维模式具象化，将原本深奥难懂的国学知识用简明化的故事、系统化的语言来表达。同时，作为培育和践行社会主义核心价值观的有效载体，尝试找到国学原典与当下国家与社会生活的契合点，融入时代精神，激发学生提升民族情怀，增强文化自信。

"一词一句一古文"任务群就是以"价值观"统领、"对应点"联系、"任务群"学习、"融通面"育人的逻辑，将抽象的观念与具象的文化相连，将深奥的典籍与简明的故事相通，将语文的方式与生活的实践相融。具体说来，就是对社会主义核心价值观12个核心词，尝试进行儿童视角的语文式解读，在古文典籍中探索内涵相通的古文句段，作为课堂主要学习内容，并开展相关的实践活动，以此引导学生在活动中践行社会主义核心价值观。其中，

"一词"是指依据社会主义核心价值观12个核心词,以儿童视角作相应文本解读后,选取中华优秀传统文化观念中与其内涵相通的、具有典型性的四字例词;"一句"源于"一词",是其核心内涵的古文文句举例阐释;"一古文"是指蕴含例词、例句内涵的小古文文段。其实,语文学习活动还离不开前面有"一字"即借用独特的字理感知中华文化,后面"一活动"即开展相应的生活实践活动。综合地讲,字生词,词连句,句成文,文载道,道立人。小学生在小古文的学习活动中,能够感受文言文及其金句的魅力,汲取中华优秀传统文化的精髓,学习中国智慧的伟大精神,从而实现社会主义核心价值观的培育和践行,全面落实立德树人。

"一词一句一古文"小学语文学习任务群,内容源于中华优秀传统文化,学生从中体会中华民族文化的优秀基因,加深对社会主义核心价值观相关内容的人文理解。"和合"文化,探究社会主义核心价值观内涵深度;追根溯源,丈量社会主义核心价值观历史厚度;提升弘扬,拓展社会主义核心价值观践行广度;联系实际,加大社会主义核心价值观育人力度。

(二)"一词一句一古文"小学语文学习任务群的基本特征在于"融通之道"

基于培育和践行社会主义核心价值观的"一词一句一古文"小学语文学习任务群,育人目标为坚定理想信念,帮助学生"扣好人生第一粒扣子";汲取中华智慧,弘扬中华优秀传统文化;学习用语文的方式,从"一字一词一句一古文一活动"中,深刻理解汉字意蕴,把握文化要义,开展拓展性阅读,构造儿童审美化生活。它具有鲜明的方向性、高度的聚合性、多维的综合性、文化的传承性、丰富的实践性等特征。任务群的学习过程中,坚持价值铸魂、育人为本的原则;坚持儿童立场、遵循儿童认知特点、科学有序安排内容、以适宜生动的方式开展愉悦学习的原则;坚持在生活情境中开展实践活动、学习运用、活用转化的原则;坚持跨学科学习的原则。充分体现"以文化人、以美育人"的理念,从小学生的身心发展特点出发,遵循教育规律,培养学习能力。任务群借助汉字的图形编码和中国故事的支架，符合小学生的认知规律。学生在语文实践活动中感受中华优秀传统文化的魅力，同时，得到心灵成长，践行社会主义核心价值观。这不仅仅是智育，更是德育，还是美育、体育和劳动教育，促进学生心理健康发展，实现"五育"融合。

三、"一词一句一古文"小学语文学习任务群的设计过程与实施策略

"一词一句一古文"小学语文学习任务群内容的关键词与社会主义核心价值观的核心词并不是简单地一一对应，而是有机融合。具体来说，从社会主义核心价值观的三个层面12个核心词出发，提炼出对应点，以儿童视角对词汇及古文原典进行内涵解读，从而筛选中华优秀传统文化中与之内涵相通的例词、例句或例文，并在此基础上，安排读背积累的学习内容，设计相关的语文阅读任务，并设计知行合一的实践活动，如诵读、演讲、辩论、展演、打卡争章、新闻播报、志愿服务等，借此达到知行合一的目的，引导学生树立文化自信，培育并践行社会主义核心价值观。

"一词一句一古文"任务群的构建模式是把握核心价值观的内涵，将其具象外延，从儿童的视角解读、培育和践行。以儿童视角对社会主义核心价值观进行内涵解读，是以学生为主体，从学生的实际出发，筛选适合相应学段以及符合学生认知能力的古文典籍，让学生在古文的品读学习中，领悟哲理内涵，进而理解社会主义核心价值观的要义，并尝试在日常的学习生活中，通过开展阶段性、连续性的实践活动，切实践行社会主义核心价值观。

考虑到广大教师日常教育教学工作的具体特点，本项研究遵循"价值观"统领、"对应点"联系、"任务群"学习、"融通面"育人的内涵逻辑，特别提供了如下具体的内容范式与实施策略（见表1），以便教师们在日常工作中加以运用及进一步优化。

表1：培育和践行社会主义核心价值观：

价值观统领		对应点联系			
维度	内容	例字	例词	例句	
国家层面	富强	"强"字本来的意思是一条米虫并不强大，数量多了就强大了；同样，刻苦、坚持、磨砺……人就逐渐坚强起来。 少年强则国强。	自强不息	1.天将降大任于是人也，必先苦其心志，劳其筋骨，饿其体肤，空乏其身…… 2.天行健，君子以自强不息。 3.少年强则国强。	
	民主	"仁"字由两个人字组成，意思就是互相关爱。 怎么关爱，就是站在对方的角度思考，听取他人意见。	仁者爱人	1.夫仁者，己欲立而立人，己欲达而达人。 2.仁者爱人，有礼者敬人。	
	文明	"文"字本义是与本身相配的"花纹"，后来引申为文采和本质一致，就是文明。 文明，就是不给别人添麻烦。	文质彬彬	1.文质彬彬，然后君子。 2.言之无文，行而不远。	
	和谐	"和"字本来意思是许多乐器发出不同的声音，形成有节奏的旋律，即和谐。 和谐的基础是不同。	和而不同	1.和实生物，同则不继。 2.若以水济水，谁能食之？若琴瑟之专一，谁能听之？ 3.君子和而不同，小人同而不和。	

"一词一句一古文"小学语文学习任务群一览表

任务群学习	融通面育人
例文	实践活动
1.故天将降大任于是人也,必先苦其心志,劳其筋骨,饿其体肤,空乏其身,行拂乱其所为,所以动心忍性,曾益其所不能。(《孟子·告子下》) 2.天行健,君子以自强不息。(《周易》) 3.故今日之责任,不在他人,而全在我少年。少年智则国智,少年富则国富,少年强则国强,少年独立则国独立,少年自由则国自由,少年进步则国进步,少年胜于欧洲则国胜于欧洲,少年雄于地球则国雄于地球。(梁启超《少年中国说》)	1."恒心新闻台"强国新闻联播。 2."请党放心,强国有我"活动:自律打卡21天。 3.结合学校"科创节",开展"科创有我"小发明展示、"脑洞大开"金点子展演等活动。
1.子贡曰:"如有博施于民而能济众,何如?可谓仁乎?"子曰:"何事于仁?必也圣乎!尧舜其犹病诸。夫仁者,己欲立而立人,己欲达而达人。能近取譬,可谓仁之方也已。"(《论语·雍也》) 2.孟子曰:"君子所以异于人者,以其存心也。君子以仁存心,以礼存心。仁者爱人,有礼者敬人。爱人者,人恒爱之;敬人者,人恒敬之。"(《孟子·离娄下》)	1.举办主题展览:以"身边的民主"为主题,展出相关的照片、短文或诗歌。 2.编排民主主题的情景剧,更好地践行民主。
1.子曰:"质胜文则野,文胜质则史。文质彬彬,然后君子。"(《论语·雍也》) 2.仲尼曰:"《志》有之:'言以足志,文以足言。'不言,谁知其志?言之无文,行而不远。"(左丘明《左传·襄公二十五年》)	1.寻找身边的"文明"和"君子"。 2.制订体现学生"文质彬彬"的《文明公约》,打卡完成。
1.夫和实生物,同则不继。以他平他谓之和,故能丰长而物归之;若以同稗同,尽乃弃矣。(《国语·郑语》) 2.异。和如羹焉,水火醯醢盐梅,以烹鱼肉,燀之以薪。声亦如味,清浊、大小、短长、疾徐、哀乐、刚柔、迟速、高下、出入、周疏,以相济也。……若以水济水,谁能食之?若琴瑟之专一,谁能听之?(《左传·昭公二十年》) 3.子曰:"君子和而不同,小人同而不和。"(《论语·子路》)	体验营:如果遇到下面这种情形,你会怎么做?(六一儿童节这天,我已经非常高兴了,因为我取得了游泳比赛的第一名。而周小田同学第三次给我说我游泳姿势不正确。)

7

价值观统领		对应点联系			
维度	内容	例字	例词	例句	
社会层面	自由	"道"字本来意义是站在十字路口，选择正确的道路，即遵循自然规律。 尊重自然，就能获得身心的自由体验。	道法自然	1.道生一，一生二，二生三，三生万物。 2.人法地，地法天，天法道，道法自然。	
	平等	"容"字本义是盛放、容纳。 能容纳他人，就可以做到平等待人。	有容乃大	1.有容，德乃大。 2.君子尊贤而容众，嘉善而矜不能。 3.海纳百川，有容乃大；壁立千仞，无欲则刚。	
	公正	"公"字就是将器皿中的物品公平分配。 个人修养上，公平正直；人际交往中，开诚布公；报效国家时，公正无私。	天下为公	1.公生明，偏生暗。 2.公正无私，一言而万民齐。 3.公其心，万善出。 4.大道之行也，天下为公。	
	法治	"法"字原本是一种神兽，能判别谁不正，就触谁，即像水一样，公平执法。 作为个人，学生得守法，并从讲规矩开始。	奉公守法	1.以君之贵，奉公如法则上下平，上下平则国强。 2.不以规矩，不能成方圆。 3.木受绳则直，金就砺则利。	

续表

任务群学习	融通面育人
例文	实践活动
1.道生一，一生二，二生三，三生万物。（《道德经》第四十二章） 2.有物混成，先天地生。寂兮寥兮，独立而不改，周行而不殆，可以为天地母。吾不知其名，字之曰道，强为之名曰大。大曰逝，逝曰远，远曰反。故道大，天大，地大，人（一作"王"）亦大。域中有四大，而人居其一焉。人法地，地法天，天法道，道法自然。（《道德经》第二十五章）	1.小组合作探讨"若为自由故，一起自律行"思维导图。 2.开展"21天自由小天使"争章活动。
1.尔无忿（fèn）疾于顽。无求备于一夫。必有忍，其乃有济。有容，德乃大。（《尚书·君陈》） 2.子夏之门人问交于子张。子张曰："子夏云何？"对曰："子夏曰：'可者与之，其不可者拒之。'"子张曰："异乎吾所闻：君子尊贤而容众，嘉善而矜不能。我之大贤与，于人何所不容？我之不贤与，人将拒我，如之何其拒人也？"（《论语·子张》） 3.海纳百川，有容乃大；壁立千仞，无欲则刚。（清·林则徐）	1.气量测试游戏。 2.回忆小学六年同学间发生的印象深刻的往事，为包容大度的同学写一张"夸夸卡"。 3.开展"有容乃大真君子"21天挑战赛。
1.公生明，偏生暗。（《荀子·不苟》） 2.公正无私，一言而万民齐。（西汉·刘安《淮南子》） 3.大其牖，天光入；公其心，万善出。（明·方孝孺《杂铭·牖》） 4.大道之行也，天下为公。选贤与能，讲信修睦。故人不独亲其亲，不独子其子，使老有所终，壮有所用，幼有所长，矜寡孤独废疾者皆有所养。（《礼记·礼运》）	体验营： 1.运用"公正"的观念，正确对待生活中常见的"不公"现象。 2.举办"建设更加公正的大同班级金点子"大赛。
1.平原君怒，将杀奢。奢因说曰："君于赵为贵公子，今纵君家而不奉公则法削，法削则国弱，国弱则诸侯加兵，诸侯加兵是无赵也，君安得有此富乎？以君之贵，奉公如法则上下平，上下平则国强，国强则赵固，而君为贵戚，岂轻于天下邪？"平原君以为贤，言之于王。王用之治国赋，国赋大平，民富而府库实。（《史记》） 2.孟子曰："离娄之明、公输子之巧，不以规矩，不能成方圆；师旷之聪，不以六律，不能正五音；尧舜之道，不以仁政，不能平治天下。"（《孟子·离娄上》） 3.木直中绳，輮以为轮，其曲中规。虽有槁暴，不复挺者，輮使之然也。故木受绳则直，金就砺则利。君子博学而日参省乎己，则知明而行无过矣。（战国·荀子《劝学》）	1."知法—守法—护法"法治新闻联播。 2.举办"遵规守纪，幸福一生"学生演讲比赛，切实感受讲规矩的重要性。

9

价值观统领		对应点联系			
维度	内容	例字	例词	例句	
个人层面	爱国	"国"字本义为手持兵器守护着领土,所以每个人生来就要爱国。 怎么爱国?树爱国情,立报国志;爱国从爱身边人开始,从做好身边事开始。	家国情怀	1.诗言志。 2.修身,齐家,治国,平天下。 3.天下国家。	
	敬业	"知"字本义为懂得、知道,"行"字表示行走、前进的意思。 劳动、工作要做到知行合一,这叫"敬业";学习、成长也要知行合一,也叫"敬业"。	知行合一	1.知之愈明,则行之愈笃;行之愈笃,则知之益明。 2.知者行之始,行者知之成。	
	诚信	金文"信"字表示说出的话,即使再辛苦,也要做到。 这就是新时代的"诚信"。	无信不立	1.民无信不立。 2.诚信者,天下之结也。	
	友善	"善"字本义为发现别人的美好。 不断发现他人的好,自然就"友善"他人了。	上善若水	1.人之初,性本善,性相近,习相远。 2.上善若水。 3.勿以恶小而为之,勿以善小而不为之。	

续表

任务群学习	融通面育人
例文	实践活动
1.王翰《凉州词》、王之涣《凉州词》、王昌龄《出塞》。 2.孟子曰："人有恒言，皆曰：天下国家。天下之本在国，国之本在家，家之本在身。"（《孟子·离娄上》） 3.古之欲明明德于天下者，先治其国；欲治其国者，先齐其家；欲齐其家者，先修其身；欲修其身者，先正其心；欲正其心者，先诚其意；欲诚其意者，先致其知；致知在格物。物格而后知至，知至而后意诚，意诚而后心正，心正而后身修，身修而后家齐，家齐而后国治，国治而后天下平。自天子以至于庶人，壹是皆以修身为本。（《礼记·大学》）	大讨论：联系自己生活实际，先个人列举"爱国从修身开始"事实，再小组畅谈，然后全班分享。
1.知与行，工夫须著并到。知之愈明，则行之愈笃；行之愈笃，则知之益明。二者皆不可偏废。（《朱子语类》卷十四·大学一） 2.先生曰："未有知而不行者。知而不行，只是未知。知者行之始，行者知之成。只说一个知，已自有行在，只说一个行，已自有知在……某今说个知行合一，正是对病的药，又不是某凿空杜撰，知行本体原是如此。"（《传习录》）	1.搜集父母及亲朋好友的敬业故事。 2.制订"21天达人养成计划"。
1.民无信不立。（《论语·颜渊》） 2.诚信者，天下之结也。（管仲《管子·枢言》） 3.吾日三省吾身：为人谋而不忠乎？与朋友交而不信乎？传不习乎？（《论语·学而》） 4.小信成则大信立，故明主积于信。赏罚不信，则禁令不行。（《韩非子·外储说左上篇》）	体验营： 1.你会怎么做？（你在同学面前夸耀自己家里有3台小汽车，其实你家里没有小汽车。） 2.撰写一份个人向班级的诚信承诺书。
1.上善若水。水善利万物而不争，处众人之所恶，故几于道。居善地；心善渊；与善仁；言善信；正善治；事善能；动善时。夫唯不争，故无尤。（《道德经》第八章） 2.勿以恶小而为之，勿以善小而不为。（《三国志·蜀书·先主传》）	1.体验营（一个平时不遵守游戏规则的同学想跟你们一起玩游戏，你会怎么做？） 2.举办开展"和谐校园""友善他人"天使活动。

11

如表1所示，以社会主义核心价值观中的"和谐"为例，以形象的字理和儿童视角对"和谐"进行内涵解读：和谐的基础是不同，进而筛选出与之内涵相同的传统文化例词为"和而不同"，此语出自两千多年前的春秋时期。史伯准确预言西周灭亡后，大胆地提出一个伟大思想——"和实生物，同则不继"。比史伯晚两百年的晏子发扬光大了这一思想——"若以水济水，谁能食之？若琴瑟之专一，谁能听之？"比晏子小几岁的孔子高高举起这面大旗，用于指导生活的每一个细节——"君子和而不同，小人同而不和"。我们把以上一脉相承的金句作为例句，选取了《国语·郑语》《左传·昭公二十年》《论语·子路》中相应的古文文段作为主要的学习内容，它们是"和而不同"中华优秀传统文化的源头，也是中华优秀传统文化的典范，流淌于华夏儿女血脉之中，渗透在中华民族骨髓之间。紧接着开展生活实践活动，以践行社会主义核心价值观——和谐。

组织学生学习时，运用群文阅读的策略，采取明暗两条线。一条明线：在读准、读通、读懂三段文言文的过程中，学习文言文，感受文言文的语言风格，并背诵积累三句金句。同时，激发小学生学习文言文的兴趣，培养学习文言文的能力。一条暗线：学生在多文本阅读中，通过类比、统整、归纳，在"和"的"议题"中衍生、构建、感悟"和而不同"的"主题"，理解和传承"和而不同"的中华优秀传统文化。

课堂教学过程中，凸显四个特点。1.汉字文化的具象性。从汉字"和"入手，用第29届奥运会开幕式视频设置悬念，激发学生探究欲望和阅读兴趣；再通过"和"组词调动学生对"和"的已有理解；然后，学生在汉字字理中，形成"和"的初步认识——"和谐"。这个过程本身就是文化的浸润。2.借中国典籍故事降低文言文学习的坡度。3.用语文的方式培育社会主义核心价值观。学生分别阅读三段文言文，读懂了三个金句，归纳出"和而不同"的关键词。然后联系生活，形成了"土加土，还是土；水加水，还是水。土加水，则成泥，便可砌墙；再加火烧，则可成各种陶器和砖瓦"的儿童视角的理解。4.知行合一，践行社会主义核心价值观。学生紧密联系自己的生活实际，在"体验营"活动中实践。

参考文献

1. 胡立根:《中国智慧：写给中学生的18堂国学哲思课》,中国大百科全书出版社2019年版。

2. 《义务教育语文课程标准》,北京师范大学出版社2022年版。

3. 成尚荣:《核心素养的中国表达》,华东师范大学出版社2018年版。

4. 罗建平:《汉字形义与中华传统文化——以社会主义核心价值观二十四个汉字为例（国家大事丛书）》,复旦大学出版社2019年版。

5. 习近平:《青年要自觉践行社会主义核心价值观》,《人民日报》2014年5月5日。

6. 《中小学生培育和践行社会主义核心价值观的对策建议》,《先锋》2015年第10期。

7. 靳亚梦、田夏彪:《社会主义核心价值观融入小学语文教学的路径探思——以教材中榜样人物为例》,《教育探索》2016年第9期。

8. 吴媛媛:《汲取中华优秀传统文化精华弘扬社会主义核心价值观》,《湖北开放职业学院学报》2020年第33期。

第一课

自强不息

强

【强】

一条米虫并不强大，数量多时自然就强大了。

❶ 学习内容

▶ 材料一：夸父逐日

夸父与日逐走，入日；渴，欲得饮，饮于河、渭；河、渭不足，北饮大泽。未至，道渴而死。弃其杖，化为邓林。

——《山海经·海外北经》

【注释】

逐走：竞跑，赛跑。　　入日：追赶到太阳落下的地方。

河、渭：即黄河，渭水。　　道渴而死：半路上因口渴而死。

【译文】

夸父与太阳竞跑，一直追赶到太阳落下的地方；他感到口渴，想要喝水，就到黄河、渭水喝水。黄河、渭水的水不够，夸父就去北方喝大湖的水。还没赶到大湖，就半路渴死了。夸父抛弃他的手杖，他的手杖化成了桃林。

▶ 材料二：生于忧患，死于安乐

"三皇五帝"之一的舜帝在成就帝业之前，在田野里干农活；帮助开创商朝武丁盛世的傅说（yuè），之前是筑墙的奴隶；帮助周文王灭掉商纣王的功臣胶鬲（gé），之前是贩盐贩鱼的商贩；辅佐齐桓公春秋称霸的管仲，之前是在监狱里谋生的；辅佐楚庄王春秋称霸的孙叔敖，之前是在人迹罕至的大海边度日的；辅佐秦穆公春秋称霸的百里奚（xī），之前是在市场被卖来卖去的俘虏……孟子在著述中列举这些例子想要表达什么？他是这样总结的：

故天将降大任于是人也，必先苦其心志，劳其筋骨，饿其体肤，空乏其身，行拂乱其所为，所以动心忍性，曾（zēng）益其所不能。

——《孟子·告子下》

【注释】
是人：这些人。
拂乱：使……颠倒错乱。
空乏：使……穷困。
曾益：增加。曾，通"增"。

【译文】
　　所以上天要把重任降临在某人的身上，一定先要使他心意苦恼，筋骨劳累，使他忍饥挨饿，使他身处贫困之中，使他的每一行动都不如意，这样激励他的心志，使他性情坚韧，增加他不具备的能力。

材料三

　　天行健，君子以自强不息。

——《周易》

【译文】
　　天的运动刚强劲健，相应于此，君子处事，应像天一样，自我力求进步，刚毅坚卓，发奋图强，自强不息。

材料四

　　故今日之责任，不在他人，而全在我少年。少年智则国智，少年富则国富，少年强则国强，少年独立则国独立，少年自由则国自由，少年进步则国进步，少年胜于欧洲则国胜于欧洲，少年雄于地球则国雄于地球。

——梁启超《少年中国说》

一词一句一古文

❷ 自学要求

1. 反复朗读材料一、材料二、材料三的三段文言文,读准生僻字,读通句子。留意"注释"和"译文",了解文言文的大致意思。

2. 阅读甲骨文"强"字和材料一、材料二,思考它们分别表达什么是"强"?把你的依据画出来。

3. 阅读四份材料的同时,你联想到哪些人和事?你从中感悟到了什么?

4. 试想一下:自己如何自强不息?

时间	"请党放心,强国有我"21天自律打卡记录表				
	班级　　　　　姓名				
	悦读时光	悦动快乐	高效作业	早睡早起	自定义小目标
第1天					
第2天					
第3天					
第4天					
第5天					
第6天					
第7天					
第8天					
第9天					
第10天					
第11天					
第12天					
第13天					
第14天					
第15天					
第16天					
第17天					
第18天					
第19天					
第20天					
第21天					
我的收获:					
父母寄语:					

③ 教学设计

学习内容

文言文：《夸父逐日》《孟子》《周易》《少年中国说》等语段。

学习目标

1．读准、读通、读懂几段文言文。感受文言文的语言风格。背诵相关金句。

2．结合文言文内容，理解"自强不息"的中华优秀传统文化。

3．联系生活实际，培育和践行社会主义核心价值观——"富强"。

教学重难点

教学重点：在梳理文言文内容的过程中，逐步理解"自强不息"的文化内核。

教学难点：读准、读通、读懂文言文的内容，感受文言文的语言风格。

教学时间

1课时。

教学过程

一、汉字导入，初步感知

出示甲骨文"强"。字理识字，何以谓之"强"？（**"强"**在于**"数量之多"**）（板书：多）

二、典籍阅读，逐步感受

1. 阅读小古文《夸父逐日》。学生在阅读寓言故事中，明白何以谓之"强"？（"强"在于"坚持不懈"）（板书：久）

> 夸父与日逐走，入日；渴，欲得饮，饮于河、渭；河、渭不足，北饮大泽。未至，道渴而死。弃其杖，化为邓林。
> ——《山海经·海外北经》

2. 重点学习《生于忧患，死于安乐》语段。

"三皇五帝"之一的舜帝在成就帝业之前，在田野里干农活；帮助开创商朝武丁盛世的傅说（yuè），之前是筑墙的奴隶；帮助周文王灭掉商纣王的功臣胶鬲（gé），之前是贩盐贩鱼的商贩；辅佐齐桓公春秋称霸的管仲，之前是在监狱里谋生的；辅佐楚庄王春秋称霸的孙叔敖，之前是在人迹罕至的大海边度日的；辅佐秦穆公春秋称霸的百里奚（xī），之前是在市场被卖来卖去的俘虏……孟子在著述中列举这些例子想要表达什么？他是这样总结的：

> 故天将降大任于是人也，必先苦其心志，劳其筋骨，饿其体肤，空乏其身，行拂乱其所为，所以动心忍性，曾（zēng）益其所不能。
> ——《孟子·告子下》

① 一读：读准字音。
② 二读：读通句子（读出文言文的味道）。
③ 三读：读懂内容。
④ 四读：读出画面。

天将降大任于<u>舜帝</u>也，必先苦其心志，劳其筋骨，饿其体肤，空乏其身……

天将降大任于<u>傅说</u>也，必先苦其心志，劳其筋骨，饿其体肤，空乏其身……

天将降大任于<u>胶鬲</u>也，必先苦其心志，劳其筋骨，饿其体肤，空乏其身……

天将降大任于<u>管仲</u>也，必先苦其心志，劳其筋骨，饿其体肤，空乏其身……

天将降大任于<u>孙叔敖</u>也，必先苦其心志，劳其筋骨，饿其体肤，空乏其身……

天将降大任于<u>百里奚</u>也，必先苦其心志，劳其筋骨，饿其体肤，空乏其身……

⑤五读：读到历史。

你会联想到哪些人和事：

天将降大任于_____也，必先苦其心志，劳其筋骨，饿其体肤，空乏其身……

老师联想到一个人：

天将降大任于<u>司马迁</u>也，必先苦其心志，劳其筋骨，饿其体肤，空乏其身……

（生自读补充材料：司马迁忍辱负重）

补充材料：司马迁忍辱负重

司马迁因仗义执言替李陵求情而忤逆圣意，遭受了极刑之辱。他想到了先贤名人忍辱负重的遭遇——周文王被拘禁后推演了《周易》，孔子周游列国不被重视就修订了《春秋》，屈原被放逐到汨罗河写下了《离骚》，左丘明晚年辞官回乡，眼睛看不见还写出《国语》，孙膑被庞涓陷害割掉膝盖骨，写出了《孙膑兵法》，吕不韦被秦始皇贬谪蜀地后，他的《吕氏春秋》才得以流传，韩非子被囚禁在秦国的时候写出《说难》《孤愤》，《诗经》的三百篇，大都是一些圣贤们为抒发愤懑而写作的。

司马迁在先贤身上汲取到力量，虽受极刑却无愠色。在给好友任安的信中，他这样写自己——"人固有一死，或重于泰山，或轻于鸿毛，用之所趋异也。"面对自己未竟的事业、父亲的遗愿，他最终选择了忍辱负重，笔耕不辍，著就《史记》，终成一家之言，一雪前耻，流芳百世。

3. 形成人物评价后，总结理解：你明白何以谓之强？（"**强**"在于"**历经磨砺**"）（板书：砺）

三、归纳提炼，感悟真知

1. 在我们中华上下五千年的历史进程中，有着这样一代代先贤伟人。他们，不断进取，追求知识之多、能力之强；他们，不畏艰难，历经磨砺，追逐梦想；他们，坚持不懈，不达目的不罢休。这就叫——

> 天行健，君子以自强不息。
>
> ——《周易》

读准字音、读通句子、读懂内容后，一咏三叹地朗读：

君子应该像天一样，自我力求进步——<u>天行健，君子以自强不息。</u>

君子应该像天一样，自我刚毅坚卓——<u>天行健，君子以自强不息。</u>

君子应该像天一样，自我坚持不懈——<u>天行健，君子以自强不息。</u>

2."自强不息"已成为刻在中国人骨子里的文化基因，是中华民族精神之魂。正是这样一代代先贤伟人，就像一轮轮自强不息的朝阳，照耀着中华五千年文明。

①播放视频《那个瞬间的年代》。科学家讲述中国第一颗原子弹出世记。

②班级"恒心新闻台"联播快讯。（"C929 大飞机""北斗导航""港珠澳大桥"等自主研发相关的强国新闻）

③议视频，评新闻，谈感受。

（"**强**"在于"**自主创新**"）（板书：新）

（民之自强，方有国之富强——揭示社会主义核心价值观之"**富强**"）

四、联系生活，践行观念

1. 同学们，国之富强，根本在哪里？我们是不是还清晰地记得掷地有声的"少年强则国强"？朗读《少年中国说》片段，发出时代誓言。（配音，气势磅礴地齐诵）

> 故今日之责任，不在他人，而全在我少年。少年智则国智，少年富则国富，少年强则国强，少年独立则国独立，少年自由则国自由，少年进步则国进步，少年胜于欧洲则国胜于欧洲，少年雄于地球则国雄于地球。
>
> ——梁启超《少年中国说》

（第二张灯片显示）故今日新时代之责任，不在他人，而全在我们少年。（举起右拳，连读三遍"请党放心，强国有我"）

2."体验营"：

（1）"网上说有中国游客赴国外扫货现象，你怎么看？你打算怎么做？"

（2）"请党放心，强国有我"活动：自律打卡 21 天。评选"自律达人"。

（3）结合学校"科创节"，开展"科创有我"小发明展示、"脑洞大开"金点子展演等活动。

4 课堂实录

一、汉字导入，初步感知

师：我们班刚上完汉字综合性学习单元吗？

生：对。

师：我看看你们对汉字的了解有多深入。这张图上的字是什么字体？

生：据我判断，是甲骨文。

师：很厉害，看来你是一个汉字研究员。那这是什么字呢？

生：我猜是"强大"的"强"。

师：怎么猜出来的？

生：左边有一张弓，右边上面看着像一个没有闭合的三角形，下面一条虫。字形上判断就是"强"字。

师：没错，就是强。（板书：强）

"强"字本义是一种米虫，是一个会意字。右下方像一条虫，说明"强"最初与虫有关；左边和右上方组成一个"弘"字，"弘"有大的意思，这里是说这种米虫数量众多。这就是"强"的本来意思——

生：数量多。

（板书：多）（后续板书围绕"强"展开）

【教学意图】

以甲骨文"强"字作为教学的启思钥匙，学生在细致入微的字形解码中，增强对"强"字探究的好奇心与求知欲，初步感知"强"字背后承载的意蕴，感受中华文化的力量。

二、典籍阅读，逐步感受

师："强"还有哪些理解呢？请大家阅读材料一，注意屏幕上的提示。（PPT显示：阅读材料一，思考什么是"强"？）

📖 学生独自阅读以下材料

▶ 材料一：夸父逐日

> 夸父与日逐走，入日；渴，欲得饮，饮于河、渭；河、渭不足，北饮大泽。未至，道渴而死。弃其杖，化为邓林。
> ——《山海经·海外北经》

【注释】

逐走：竞跑，赛跑。　　入日：追赶到太阳落下的地方。

河、渭：即黄河、渭水。　　道渴而死：半路上因口渴而死。

【译文】

夸父与太阳竞跑，一直追赶到太阳落下的地方；他感到口渴，想要喝水，就到黄河、渭水喝水。黄河、渭水的水不够，夸父就去北方喝大湖的水。还没赶到大湖，就半路渴死了。夸父抛弃他的手杖，他的手杖化成了桃林。

师：谁来说说从材料一中读出什么是"强"？

生1："强"就是像夸父一样不断地追逐太阳的英雄气概。

生2："强"就是不达目的不罢休的坚持。

师：很好。"强"就是这种坚持不懈的精神！

（板书：久）

师：同学们，历史的车轮滚滚向前，让我们再来认识这样一群人，在他们身上，你又发现"何以谓之强"？

📖 学生独自阅读以下材料

▶ 材料二：生于忧患，死于安乐

"三皇五帝"之一的舜帝在成就帝业之前，在田野里干农活；帮助开创商朝武丁盛世的傅说（yuè），之前是筑墙的奴隶；帮助周文王灭掉商纣王的功臣胶鬲（gé），之前是贩盐贩鱼的商贩；辅佐齐桓公春秋称霸的管仲，之前是在监狱里谋生的；辅佐楚庄王春秋称霸的孙叔敖，之前是在人迹罕至的大海边度日的；辅佐秦穆公春秋称霸的百里奚（xī），之前是在市场被卖来卖去的俘虏……孟子在著述中列举这些例子想要表达什么？他是这样总结的：

> 故天将降大任于是人也，必先苦其心志，劳其筋骨，饿其体肤，空乏其身，行拂乱其所为，所以动心忍性，曾（zēng）益其所不能。
>
> ——《孟子·告子下》

【注释】

是人：这些人。　　　　　　空乏：使……穷困。
拂乱：使……颠倒错乱。　　曾益：增加。曾，通"增"。

师：现在请同学们看材料二，我们一起学习。请大家自由地朗读《生于忧患，死于安乐》片段。大家至少读3遍，读准字音，读通句子，遇到难读的地方多读几遍，现在开始吧。

师：课文都读完三遍了吗？我们现在一起读一遍——

（师生朗读）

师：谁想一个人读一读？

（生朗读）

师：他读正确了吗？老师特别赞赏他读的"曾益其所不能"的"曾"，这是个通假字，读 zēng，读得很准确，掌声送给他。

师：同学们，读小古文，咱们读正确还不够，还要读通顺，读出节奏感，读出文言文的味道。自己练习练习。

（生练读，指名读，老师范读）

师：不错，越读越有味道了，有的同学还读得摇头晃脑的。大家读了这么多遍，读明白意思了吗？孟子列举这些先贤名人的例子，想要表达什么？

生1：我发现这些人在成功之前都是在比较艰苦的环境中生存的。

生2：我发现他们都是先经历了挫折和磨炼，才最终能够有所成就。

师：你们理解得很到位，通过刚才的朗读，你们发现他们都经历了哪些磨难？

生1：心志受苦，身体劳累，挨饿受冻。

生2：他们做什么事都不如意。只有历经磨炼，才能获得以前没有的能力。

师：说得真好，我们仿佛能够看到这样的画面——（屏显内容，师引读）

师：夏日炎炎，汗流浃背，舜帝在田间辛苦劳作——

生齐读：天将降大任于<u>舜帝</u>也，必先苦其心志，劳其筋骨，饿其体肤，空乏其身……

师：食不果腹，衣不蔽体，傅说劳累于泥瓦砖石之中——

生齐读：天将降大任于<u>傅说</u>也，必先苦其心志，劳其筋骨，饿其体肤，空乏其身……

师：满身腥臭，讨价还价，胶鬲赚取些许银钱度日——

生齐读：天将降大任于<u>胶鬲</u>也，必先苦其心志，劳其筋骨，饿其体肤，空乏其身……

师：昏暗困顿，不见天日，管仲在监狱中艰苦谋生——

生齐读：天将降大任于<u>管仲</u>也，必先苦其心志，劳其筋骨，饿其体肤，空乏其身……

师：孙叔敖在人迹罕至、风吹雨打的大海边度日——

生齐读：天将降大任于<u>孙叔敖</u>也，必先苦其心志，劳其筋骨，饿其体肤，空乏其身……

师：被人卖来卖去的俘虏百里奚，受尽折磨和侮辱——

生齐读：天将降大任于<u>百里奚</u>也，必先苦其心志，劳其筋骨，饿其体肤，空乏其身……

师：孟子的这番话，又让你想到哪些人和事？

（屏显：天将降大任于_____也，必先苦其心志，劳其筋骨，饿其体肤，空乏其身……）

生1：我联想到了出身贫寒、苦心钻研的华罗庚。

生齐读：天将降大任于<u>华罗庚</u>也，必先苦其心志，劳其筋骨，饿其体肤，空乏其身……

生2：我联想到了身残志坚、笑对人生的张海迪。

生齐读：天将降大任于<u>张海迪</u>也，必先苦其心志，劳其筋骨，饿其体肤，空乏其身……

生3：我联想到了突破封锁、投身航天事业的钱学森。

生齐读：天将降大任于<u>钱学森</u>也，必先苦其心志，劳其筋骨，饿其体肤，空乏其身……

生4：我还联想到了生活中的例子，我们组的同学胡刚，患有先天的听力障碍，但他没有怨天尤人，而是借助助听器听到声音并且努力学习，是我们的榜样。

生齐读：天将降大任于胡刚也，必先苦其心志，劳其筋骨，饿其体肤，空乏其身……

师：孩子们真棒，不仅读懂了内涵，读出了画面，还读出了历史，读到了生活！听了大家的分享，老师也联想到一个人——司马迁。

（屏显补充材料：司马迁忍辱负重，生自读）

（以下为补充资料，生自读）

补充材料：司马迁忍辱负重

司马迁因仗义执言替李陵求情而忤逆圣意，遭受了极刑之辱。他想到了先贤名人忍辱负重的遭遇——周文王被拘禁后推演了《周易》，孔子周游列国不被重视就修订了《春秋》，屈原被放逐到汨罗河写下了《离骚》，左丘明晚年辞官回乡，眼睛看不见还写出《国语》，孙膑被庞涓陷害割掉膝盖骨，写出了《孙膑兵法》，吕不韦被秦始皇贬谪蜀地后，他的《吕氏春秋》才得以流传，韩非子被囚禁在秦国的时候写出《说难》《孤愤》，《诗经》的三百篇，大都是一些圣贤们为抒发愤懑而写作的。

司马迁在先贤身上汲取到力量，虽受极刑却无愠色。在给好友任安的信中，他这样写自己——"人固有一死，或重于泰山，或轻于鸿毛，用之所趋异也。"面对自己未竟的事业、父亲的遗愿，他最终选择了忍辱负重，笔耕不辍，著就《史记》，终成一家之言，一雪前耻，流芳百世。

师：从司马迁的经历中你们感受到怎样的力量？

生：坚持！

师：是什么支撑他坚持下去，他的力量来自哪里？

生1：他的书还没有完成，这是他的志向。

生2：我想要补充一点，他受到侮辱也没有改变自己的目标。如果是其他人可能早就放弃了。

师：也就是说，在理想面前，尊严是可以放一放的对吗？

生：是的。

生3：结合其他同学的发言，以及刚刚文段中的第一句"人固有一死，或重于泰山，或轻于鸿毛"，我觉得有的人死了，会有人纪念他，而有的人死后无人知晓。那么人活着应该有目标，死的时候才会有意义。

师：非常好！同学们，在司马迁以及刚才阅读中认识的这些先贤名士的身上，你发现何以谓之强？

生1："强"就是为了目标能够经受住困苦和磨难。

生2："强"就是忍辱负重，完成梦想！

师小结：没错，"强"在于忠于理想，忍辱负重，历经磨砺。

（板书：砺）

师：让我们带着对先贤们的敬意，齐读文段——

生齐读：天将降大任于是人也，必先苦其心志，劳其筋骨，饿其体肤，空乏其身……

三、归纳提炼，感悟真知

师：在我们中华上下五千年的历史进程中，有着这样一代代先贤伟人。他们，不断进取，追求知识之多、能力之强；他们，不畏艰难，历经磨砺，追逐梦想；他们，坚持不懈，不达目的不罢休。这就叫——（屏显内容，生齐读）

> 天行健，君子以自强不息。
>
> ——《周易》

师：天地万物运行不止，为君子当自强不息（师引读）。

君子应该像天一样，自我力求进步——天行健，君子以自强不息。

君子应该像天一样，自我刚毅坚卓——天行健，君子以自强不息。

君子应该像天一样，自我坚持不懈——天行健，君子以自强不息。

【教学意图】

课堂教学时，以"读正确""读出味道""读出画面""读到历史"为层次，指导学生读古文。引导学生首先从甲骨文"强"字中感知了"强"在于"多"，再从寓言《夸父逐日》中理解了"强"在于"坚持"，继而在《生于忧患，死于安乐》中以及司马迁身上明晰了"强"在于"历经磨砺"……学生对主题豁然开朗——"天行健，君子以自强不息"。

师："自强不息"已成为刻在中国人骨子里的文化基因，也是中华民族精神之魂。正是这样一代代先贤伟人，就像朝阳，照耀着中华五千年文明。民如此，国亦如此。我们的祖国，也曾经历了百年屈辱和抗争，迎来了新中国。

（播放视频《那个瞬间的年代》。科学家讲述中国第一颗原子弹出世记。）

师：下面，请听我们班"恒心新闻台"主播们带来的一组联播快讯。

生1：大家好！我是恒心新闻台主播。接下来，我将给大家带来一则关于航空科技的新闻。财联社4月2日报道，进入详细设计阶段的国产C929宽体大飞机项目，近期发出实质性推进的连续信号。已有数家产业链公司公告参与C929大飞机项目相关配套研发。本月还有两家公司率先报喜，斩获C929亿元级配套订单。C929客机的投入使用，对于中国航空工业来说具有非常重要和深远的意义，也意味着中国航空工业的发展又迈出了一大步，因为在航空工业这个领域，大型客机的研制是非常具有挑战性的，需要掌握各种高端的航空科技，还需要有很强的自主创新能力。一旦C929客机投入使用，将极大地提高中国航空工业的国际地位，也会给中国带来很好的经济效益。

生2：大家好！我是恒心新闻台主播。接下来，我将给大家带来一则关于航空科技的新闻。今年，我们的北斗导航系统刚刚迎来30周年。探月工程也进入第二十年。历经30年科研攻关，几代中国航天人终于完成了"三步走"战略，成功发射55颗北斗导航卫星，建成了独立自主、开放兼容的全球卫星导航系统。并且北斗系统核心部件国产化率100%，完全是中国自主研发的。北斗系统已经服务两百多个国家和地区用户，是联合国卫星导航委员会已认定的四大供应商之一。如今太空里有了稳定健康运行的中国坐标。北斗系统也像水和电一样无处不在，触手可及。北斗导航作为巨型复杂的航天系统，它牵动的领域超乎想象，也将创造无限可能。

生3：大家好！我是恒心新闻台主播。接下来，我将给大家带来一则关于交通科技的新闻。港珠澳大桥是粤港澳三地首次合作共建的超大型跨海通道，全长55千米，设计使用寿命120年，是世界上总体跨度最长、钢结构桥体最长的跨海大桥。港珠澳的建设、运营集中体现了粤港澳三地合作共建的成果。其旅游线路处于大桥香港、珠海、澳门三地口岸之间，位于海关监管区和口岸限定区域内。在这一区域开展旅游，是港珠澳综合开发的重要内容。2023年10月，国务院正式批复同意增加港珠澳大桥海关监管区、口岸限定区域的旅游功能，允许有序开展从港珠澳大桥珠海公路口岸出发往返蓝海豚岛旅游活动。

师：看了这段视频，又听到这样一组新闻，你有怎样的感受？

第一课 自强不息

生1：从视频中我感受到科学家们无畏的精神，就像他们说的，要么交作品，要么交脑袋。

生2：我很佩服先辈们，他们在这样艰苦的环境下自力更生，研究原子弹技术，别的国家不会给我们，只有自己研发。

师：是的，祖国的强大在于"自力更生"。

生3：听了这组新闻，我感到很激动，因为我们取得这些成就是非常不容易的，但是既然我们做到了，就证明我们国家的实力是非常强大的。

生4：我感到很自豪，我们的祖国能如此强大，因为我们有如此努力地为之付出的同胞。

生5：我也感到很自豪，我们的中国发展越来越进步，越来越发达，对世界也在产生着深远的影响。

师：是的，同学们，正是有这些国之脊梁的自力更生、自主创新，才有我们的国之重器。

（板书：新）

师：民之自强，方有国之富强！

（屏显，揭示社会主义核心价值观之"**富强**"）

【教学意图】

播放中国第一颗原子弹出世记的视频，破解中国从贫穷走向富强的密码——"强"在于"自主创新"；班级"恒心新闻台"主播联播快讯一组"C929大飞机""北斗导航""港珠澳大桥"等强国新闻把学习活动推向了高潮。"民之自强，方有国之富强"，最终落脚到社会主义核心价值观"富强"。

四、联系生活，践行观念

师：同学们，国之富强，根本在哪里？你们是否还清晰地记得，"少年强则国强"掷地有声的话语？让我们齐诵《少年中国说》，以此对祖国发出时代誓言。

（生起立，合作朗诵）

> 故今日之责任,不在他人,而全在我少年。少年智则国智,少年富则国富,少年强则国强,少年独立则国独立,少年自由则国自由,少年进步则国进步,少年胜于欧洲则国胜于欧洲,少年雄于地球则国雄于地球。
>
> ——梁启超《少年中国说》

（第二张灯片显示）故今日新时代之责任,不在他人,而全在我们少年。（举起右拳,连读三遍"请党放心,强国有我"）

师：我们领悟价值观内涵,还要践行价值观精神。接下来,欢迎加入"请党放心,强国有我"体验营。

（1）师：网上说有中国游客赴国外扫货现象,你怎么看？你打算怎么做?

生1：我发现国外很多的东西都写着"Made in China（中国制造）",这个时候我就有一种自豪感,同时,我觉得也没必要在外国买这些。

生2：我喜欢买一些比较有当地特色或是比较有名的尖端科技的产品,这个时候,我就想研究一下它是怎样设计和生产的,希望我可以运用自己的知识和技能,也能创造出这样的产品。

师：真棒,我们班的"科技达人"就是不一样,还记得他在今年的科技节上也展示了自己的小发明,还拥有两项专利技术,希望未来能用上你发明的高科技产品,掌声送给你！

（2）师：同学们,通过今天的学习,相信大家已经更加深切地感受到了,我们国家的富强,要依靠我们少年的自强,而自强,在于每个人的不畏难、坚持、经历磨炼而不改其志。接下来的一个月,我们一起来完成一个"请党放心,强国有我"的21天自律打卡活动,希望大家能够坚持这份自律,做个"自强达人"。孩子们能做到吗?

生：能！

（3）师：真棒！还有第三项活动：恰逢我们学校的"科技节",希望大家踊跃参与"科创有我"小发明展示、"脑洞大开"金点子展演等活动,发挥聪明才智,践行誓言,践行社会主义核心价值观！

【教学意图】

明晰核心价值观精神内涵,还要在一系列的任务群建构和课程实施过程中,引导学生知行合一,践行价值观精神。最终达到为党育人、为国育才的目的。

第一课 自强不息

第二课

仁者爱人

【仁】

仁,亲也。本义是人与人之间相亲相爱。

① 学习内容

▶ 材料一

> 孟子曰："君子所以异于人者，以其存心也。君子以仁存心，以礼存心。仁者爱人，有礼者敬人。爱人者，人恒爱之；敬人者，人恒敬之。"
>
> ——《孟子·离娄下》

【注释】
敬：尊敬。

【译文】
孟子说："君子之所以不同于一般人，是因为他保存在心里的思想不同。君子把仁保存在心里，把礼保存在心里。仁人爱人，有礼的人尊敬人。爱人的人，别人就一直爱他；尊敬人的人，别人就一直尊敬他。"

▶ 材料二

> 子曰："夫仁者，己欲立而立人，己欲达而达人。能近取譬，可谓仁之方也已。"
>
> ——《论语·雍也》

【注释】
立人：立，站得住，有所成就。使他人有所成就。
达人：达，行得通，事业通达。使他人事业通达。
近：用自身。　　譬：比喻，打比方。　　方：方法。

【译文】
孔子说："仁者，自己想立身，也要帮助人能立身。自己想事业通达，也要帮助人事业通达。能拿自己打比方，推己及人，这就可说是仁的方法了。"

材料三

梁惠王曾向孟子请教道:"先生,你也知道,我们晋国以前十分强大,没有一个国家能在国力上超过我国。但是我继位后,在东面被齐国打败,我的大儿子也死于这场战役,在西面我又被迫割让七百里土地给秦国。不仅如此,在南面,我国还被楚国侮辱。我感觉非常耻辱,希望能为战死沙场的人报仇雪恨。您认为我应该怎么办?"

孟子回答说:"即使是只有方圆百里的土地,也可以成为天下人归附的王者。您如果在治理国家时能够实行仁政,减免刑罚,减轻赋税,教导百姓如何有效地耕种,在农闲时鼓励他们学习孝顺父母、尊敬兄长的道德。那么,他们就会形成在家里侍奉兄长、在社会上尊敬长者和上级的良好风气。如果是这样,他们就是凭借木棒,也可以抗击身穿铁甲、手执利器的秦、楚军队。因为秦国、楚国剥夺百姓耕种的时间,使百姓不能生产粮食养活父母,以致父母挨饿受冻,兄弟妻子东逃西散。秦王、楚王使他们的百姓陷于水深火热之中,您去讨伐他们,那又有谁能敌得过您呢?所以说'实行仁政的人无敌于天下'。你可千万不要怀疑啊!"

孟子在周游列国时,对齐王尤为看重,认为他具备行仁政的能力,因而极力劝说,希望能激起他实行仁政的兴趣和热情。

> "彼夺其民时,使不得耕耨以养其父母。父母冻饿,兄弟妻子离散,彼陷溺其民,王往而征之,夫谁与王敌?故曰:'仁者无敌。'王请勿疑!"
>
> ——《孟子·梁惠王上篇》

【注释】

夺:争夺。　　　　　　耕耨:耨,除草。深耕细作。

陷溺:陷入深渊之中。　征:征伐。

【译文】

"因为秦国、楚国的那些执政者剥夺了他们老百姓的生产时间,使他们不能够深耕细作赡养父母。父母受冻挨饿,兄弟妻子东离西散。他们使老百姓陷入深渊,大王征伐他们,有谁能和您抵抗呢?所以说:'实行仁政的人是无敌于天下的。'大王请不要疑虑!"

② 自学要求

1. 结合"仁"的汉字演变，想想"仁"字本义。
2. 阅读材料一和材料二，思考什么是"仁"。把你的依据画出来。
3. 反复朗读三段文言文，读准生僻字，读通句子。留意"注释"和"译文"，了解文言文的大致意思。
4. 想一个生活中与文言文里类似的事例。

③ 教学设计

学习内容

文言文:《孟子·离娄下》《论语·雍也》《孟子·梁惠王上篇》等语段。

学习目标

1. 能正确流利地朗读、背诵文中的名言警句。
2. 能在教师的指导和帮助下,准确理解"仁者爱人"的含义,初步学会关爱他人,提高个人修养。
3. 联系生活实际,培育和践行社会主义核心价值观——"民主"。

教学重难点

教学重点:理解领会"仁者爱人"的丰富内涵,联系生活实际,践行社会主义核心价值观——"民主"。

教学难点:读准、读通、读懂文言文的内容,感受文言文的语言风格。

教学时间

1课时。

教学过程

一、电影院

1. 播放2014年"感动中国人物"视频。

2014年度"感动中国"颁奖典礼上有这样一段颁奖词：一个善良的背影，汇入茫茫人海。他用中国人熟悉的两个字，掩盖了半生的秘密，他是红尘中的隐者，平凡的老人，朴素的心愿，清贫的生活，高贵的心灵。炎黄不是一个名字，是一脉香火，为我们点燃。他是江苏江阴市民张纪清，27年署名"炎黄"捐款，建敬老院、希望小学。

我们一起来看一下这位老人的事迹。看完视频，你觉得张纪清是一个什么样的人？

2．出示甲骨文："仁"字（会意字，从人从二。这里的两个"人"字的组合，不是两人相悖的"北"，也不是两人相随的"比"或"从"，而是"两人面对面的互相观顾"，观人观己，相亲相爱。"仁"既是理想人格，又是道德境界）。

二、故事会

在中国的文化历史长河中，"仁"的含义是多元且不断发展的。

1．请同学们阅读《孟子·离娄下》和《论语·雍也》的节选，思考什么是"仁"。作批注，并把你的依据画出来。

2．交流《孟子·离娄下》。

（1）读了《孟子·离娄下》选段，你觉得什么是"仁"？你的依据是什么？

（2）预设：我认为"仁"是爱人，我的依据是"仁者爱人，有礼者敬人"。

①读"仁者爱人，有礼者敬人。爱人者，人恒爱之；敬人者，人恒敬之。"

②谁能完整地把这一段的意思说给大家听听？

③孟子认为君子心存"仁"，所以与他人不同，而仁者爱人。

3．交流《论语·雍也》。

（1）读了《论语·雍也》选段，你觉得什么是"仁"？你的依据是什么？

（2）预设：我认为"仁"是帮助他人，我的依据是"己欲立而立人，己欲达而达人"。

（3）学生齐读，指名学生，提问："你能不能结合注释说一下这句话的意思呢？"（预设：自己想要站得稳脚跟，就要让别人站得住脚跟；自己想要事业通达，就要让别人事业通达）

（4）看视频，了解邓小岚。

（5）联系生活实际：一位有"仁"的老师，不仅追求自己的专业水平和教学成果，而且把自己的经验和知识传授给学生，帮助他们提高自己的水平，实现梦想。

一位有"仁"的学生，不仅 _____，而且 _____。

（6）学习"能取近譬"，了解其意思。（预设：推己及人，为他人着想）

（7）说一说身边仁爱的故事。"关爱他人"故事会。

①学生讲故事。

②讨论：生活中我们应该怎样做到爱护人、关怀人、尊敬人？思考我们应该如何与人相处，关爱他人，在思辨中加深对"仁者爱人"的理解。

4. 交流《孟子·梁惠王上篇》。

（1）还记得老师一开始给大家展示"仁"的汉字演变吗？我们说，"仁"最初的含义就是指人与人之间相亲相爱，是讨论人与人之间的关系，而孟子还给"仁"附上一层新的含义，"仁"放在治国上同样有价值和意义。

（2）课前同学们预习了《孟子·梁惠王上篇》，请同学们讲一下这个故事。

（3）国家实行仁政，关爱人民的需求，才能做到仁者无敌。

三、拓展馆

1. 正是"仁"的继承和发扬，使得我国在发展过程中一直都坚持"民主"。

2. 齐读习近平总书记的相关重要论述。

3. 中国的文化博大精深，源远流长，一个"仁"字可以代表儒家思想的核心，可以为我们指明为人处世的准则，还是治国理政的智慧。

4. 深层感知，知行合一。

我以前以为"仁"只是 _____，通过这节课，我知道"仁"还可以是 _____。在课后，我们可以这样实行"仁" _____。

四、体验营

班上要选举班干部了。轩轩是你好朋友，他报名竞选班长，为战胜对手，他想出了"拉选票"这一招。你会怎么做？

4 课堂实录

一、电影院

教师：同学们，今天我们要学习的内容与一个字密切相关，那就是"仁"。在进入主题之前，我想先给大家播放一段视频。这是关于2014年"感动中国人物"张纪清的事迹，他在27年间以"炎黄"的名义捐款，帮助建设敬老院和希望小学。让我们一起来看一下这位老人的事迹。（播放视频）

（视频播放结束）

师：看完这段视频，你们觉得张纪清是一个什么样的人呢？

生1：我觉得他是一个非常有爱心的人，因为他默默地捐款帮助了很多人。

生2：我认为张纪清老人是一个非常无私和慷慨的人。他不仅用自己的积蓄帮助别人，而且是匿名捐款，这种默默奉献的精神让我非常敬佩。

生3：张纪清给我留下的印象是一个具有高尚品德的人。他长达27年的捐款行为表明他有着坚定的意志和深沉的社会责任感。他的善举不仅帮助了需要帮助的人，而且为我们树立了榜样。

师：很好，他的行为确实展现出了无私的爱。那么，你们知道"仁"这个字吗？它与我们刚才看到的张纪清的事迹有什么联系呢？（出示甲骨文"仁"字）

生1：我看到"仁"字由两个人字组成，他们面对面，好像在互相关照。我觉得这就像张纪清老人一样，他在默默地关照和帮助别人。

师：非常棒的解释！那么，"仁"字还有哪些含义呢？我们能不能结合刚才的视频，以及你对"仁"字的理解，谈谈你的看法。

（学生们纷纷发言，探讨"仁"的含义）

师：（总结学生的发言）听着大家关于"仁"的讨论，我深感欣慰。你们已经对这个古老而深刻的理念有了自己的见解，这反映了你们对中华传统文化的热爱与探索。那么，古人对于"仁"这个字又有什么样的见解呢？我们一起来看一下。

【教学意图】

　　本环节旨在通过深度融合真实人物事迹与抽象理念，激发学生对"仁"的深入理解与体验。选择张纪清老人的事迹视频作为切入点，是为了利用这一具有震撼力和感染力的现实案例，让学生从直观上感知"仁"的内涵及其在现实生活中的体现。通过视频展示，不仅能够引起学生的情感共鸣，而且能帮助他们构建起对"仁"的具象化认知。通过提问和讨论的形式，进一步地引导学生从具体事例中提炼"仁"的核心理念，培养学生的逻辑思维能力，以及从具体到抽象的归纳推理能力。本环节的设计充分考虑了学生的认知特点和心理发展规律，以期通过生动、具体的教学内容，为后续的深入学习和理念践行奠定坚实基础，促进学生的全面发展。

　　二、故事会

　1. 阅读与思考。

　　教师：请大家阅读两份材料，注意屏幕上的提示（PPT 显示：阅读材料一、材料二，思考什么是"仁"。作批注，并把你的依据画出来）。音乐停，你们就停下来。

📖 学生独自阅读以下材料

材料一

> 　　孟子曰："君子所以异于人者，以其存心也。君子以仁存心，以礼存心。仁者爱人，有礼者敬人。爱人者，人恒爱之；敬人者，人恒敬之。"
> 　　　　　　　　　　　　　　——《孟子·离娄下》

【注释】

　　敬：尊敬。

【译文】

　　孟子说："君子之所以不同于一般人，是因为他保存在心里的思想不同。君子把仁保存在心里，把礼保存在心里。仁人爱人，有礼的人尊敬人。爱人的人，别人就一直爱他；尊敬人的人，别人就一直尊敬他。"

> **材料二**

> 子曰："夫仁者，己欲立而立人，己欲达而达人。能近取譬，可谓仁之方也已。"
>
> ——《论语·雍也》

【注释】

立人：立，站得住，有所成就。使他人有所成就。

达人：达，行得通，事业通达。使他人事业通达。

近：用自身。　　譬：比喻，打比方。　　方：方法。

【译文】

孔子说："仁者，自己想立身，也要帮助人能立身。自己想事业通达，也要帮助人事业通达。能拿自己打比方，推己及人，这就可说是仁的方法了。"

2. 交流《孟子·离娄下》。

师：都读完了吧。孟子认为什么是"仁"？请把文中的依据读给大家听。同学们可以按这样的句式交流（屏显：我认为"仁"是 _____ 。我是从 _____ 读出来的），其他同学边听边修正自己的看法。

（学生分享与朗读）

生：我认为"仁"是爱人。我是从"仁者爱人，有礼者敬人"中读出来的。这意味着一个有仁爱之心的人，不仅会关爱他人，还会以礼待人，尊重他人。

师：非常好，你准确地捕捉到了"仁"的精髓——爱人且敬人。那么，你有没有在生活中遇到过体现这种仁爱精神的事情呢？

生：有一次，我看到一个老人过马路很吃力，我就主动上前去扶他。虽然只是一个小小的举动，但我觉得这就是"仁"的一种体现。

师：没错，你的行为正是"仁"的具体表现。让我们为这位同学的善举鼓掌！

师："仁"不仅体现在关爱和尊重他人上，它还有更广泛的含义。孟子认为，"仁"是人的天性，是道德的核心。它要求我们在做事情时，要考虑他人，以社会的和谐稳定为己任。

（停顿片刻，给学生们消化的时间）

教师：现在，请大家再次朗读《孟子·离娄下》中关于"仁"的描述，尝试深入理解其内涵。

学生们齐声朗读。声音洪亮而有力。

朗读结束后，教师鼓励学生们分享自己对"仁"的进一步理解。

生：我认为"仁"不仅要求我们关爱他人，而且要求我们关爱自然和动物。比如，保护环境、爱护动物，这些都是"仁"的表现。

学生补充道：我觉得"仁"还体现在我们的学习态度上。我们应该以开放的心态去学习，尊重他人的观点和知识，这也是"仁"的一种体现。

师：同学们的理解非常深刻！"仁"确实是一个多维度的概念，它要求我们不仅在人际关系中表现出仁爱之心，而且要在对待自然、对待知识等方面展现出"仁"的精神。

3．交流《论语·雍也》。

师：了解了孟子对于"仁"的理解，《论语·雍也》中也有关于"仁"的讨论。谁能告诉我，读了这段文字，你觉得什么是"仁"？你的理解依据是什么？

生1：老师，我认为"仁"就是要有爱心，要善良。

师：有没有其他同学对"仁"有其他的理解呢？

生2：我觉得"仁"还意味着宽容和大度。因为孔子说过"己所不欲，勿施于人"，这就是告诉我们要宽容对待别人，不要把自己不愿意接受的事情强加给别人。

师：你解读也非常有深度。现在，请全班同学一起朗读"己欲立而立人，己欲达而达人"这句话，感受其中的道理。

（学生齐读）

师：好的，同学们读得很整齐。那么，谁能解释一下这句话的意思呢？

生3：这句话的意思是，如果我们想要自己成功，就应该帮助别人也成功；如果我们想要自己进步，就应该帮助别人也进步。

师：解释得很好。为了更直观地理解"仁"，我们现在来看一个关于邓小岚的视频，看看她是如何在生活中践行"仁"的。

（播放视频）

师：看完视频后，大家有什么感受呢？邓小岚的行为体现了哪些"仁"的理念？

生4：我觉得邓小岚非常善良和无私，她不仅关心自己的学生，而且帮助他们实现梦想。她的行为体现了"仁者爱人"的理念。

师：你说得很对。一位有"仁"的老师，不仅追求自己的专业水平和教学成果，而且把自己的经验和知识传授给学生，帮助他们提高自己的水平，实现梦想。

那么，在我们的日常生活中，我们应该如何践行"仁"呢？一位有"仁"的学生，不仅＿＿＿＿＿＿＿＿＿＿，而且＿＿＿＿＿＿＿＿＿＿。（出示PPT）大家可以结合自己的生活实际谈一谈。

生5：我认为，一位有"仁"的学生，不仅要在生活中应该多关心别人，而且要主动帮助别人解决问题。比如，看到同学有困难时，我们可以伸出援手；看到老人过马路时，我们可以主动搀扶。

生6：我觉得一位有"仁"的学生，还应该学会宽容和理解别人。因为每个人都有自己的想法和做法，我们不能强求别人和自己一样。只有理解和尊重别人，才能建立良好的人际关系。

师：同学们说得都很好。现在，我们再来学习一个新的概念——"能取近譬"。谁能解释一下这个词语的意思呢？

生7："能取近譬"就是说能够设身处地地为别人着想，用自己的感受推想别人的感受。这也是一种"仁"的表现。

师：你解释得很准确。接下来，老师想分享几个疫情防控期间关于"仁爱"的小故事。

（教师分享故事）

师：听完这些故事之后，你是否也回忆起了自己身边的仁爱故事？老师想请几位同学分享一下自己身边关于仁爱的故事，让我们一起感受"仁"的力量。

（学生依次上台讲故事）

师：听了同学们的故事，我深受感动。那么，在生活中，我们应该如何做到爱护人、关怀人、尊敬人呢？请大家分组讨论一下这个问题，并分享你们的看法。

（学生分组讨论并分享看法）

4．交流《孟子·梁惠王上篇》。

师：听了同学们的分享，老师非常感动。上课之前，我们讲了"仁"这个汉字的演变过程。大家还记得吗？

生：（齐声）记得！

师：很好。我们曾经说过，"仁"最初的含义是指人与人之间相亲相爱，它主要讨论的是人与人之间的关系。但你们知道吗？孟子给"仁"这个字赋予了更深的含义。当"仁"用于治国时，它同样具有非常重要的价值和意义。

生1：老师，是不是说国家也要对人民"仁"呢？

师：问得很好！确实，孟子强调国家也要对人民施行"仁"。那么，接下来我们看一下《孟子·梁惠王上篇》，课前同学们已经预习过了，现在谁能复述一下这个故事？

生2：老师，我来试试吧。这篇故事主要讲了孟子去见梁惠王，梁惠王问他如何才能使国家强大。孟子告诉他，只要实行仁政，关心百姓，国家就能强大。

师：复述得很好！确实，孟子在这篇文章中强调了仁政的重要性。那么，同学们，你们觉得如果国家实行仁政，关爱人民的需求，会有什么样的结果呢？

生3：老师，我觉得如果国家实行仁政，人民就会更加爱戴国家，国家也会变得更加强大。

师：说得非常对！孟子也认为，如果国家能够实行仁政，真正关爱人民的需求，那么就能做到"仁者无敌"。这意味着一个国家如果真正以仁为本，它就能获得人民的支持和拥护，从而变得更加强大和不可战胜。

生4：老师，我明白了。就像我们班一样，如果老师对我们好，关心我们，我们就会更加喜欢老师，更加努力学习。

师：你的比喻很贴切！确实是这样的，无论是治国还是教学，都需要以"仁"为本。国家实行仁政，关爱人民的需求，便能做到"仁者无敌"。

【教学意图】

　　本环节精心设计了一系列教学任务，旨在以"仁"的概念为切入点，通过深度剖析古文经典，如《论语》等儒家经典文献，让学生在语言学习的同时，也能够领略到传统文化的博大精深。我们致力于提升学生的语言素养，通过研读古文，锻炼学生的语言敏感度，并增进其对古代文学风格和修辞技巧的理解。

　　此外，教学活动特别注重学生思辨能力的培养。鼓励学生围绕"仁者爱人"的内涵进行批判性思考，通过小组讨论、辩论等形式，激发他们的思维活力，提高他们的逻辑思维能力。同时，还通过引导学生进行案例分析和文本解读，培养他们分析问题、解决问题的能力。

> 在文化传承方面，本环节致力于让学生理解"仁"作为儒家核心思想的价值所在，以及它在当代社会的重要性和现实意义。通过探讨"仁者爱人"对个人品德的塑造作用，期望学生能够领悟传统道德伦理的精髓，并将其内化为自己的行为准则。

三、拓展馆

1. 师：同学们，我们今天深入探讨了"仁"的含义和价值。那你们知道我国在发展过程中为何一直强调"民主"吗？

生：是因为我们尊重每个人的意见和权利吗？

师：很好，这与我们今天学的"仁"有什么关系呢？

生：是不是因为"仁"强调对人的尊重和关怀，所以我们在国家发展中也强调民主，尊重每个人的权利？

师：非常棒！正是"仁"的这种精神，使得我们在国家治理中也注重民主，尊重每一个公民。

2. 齐读习近平总书记的相关重要论述。

师：现在，请大家一起朗读习近平总书记关于"仁"和"民主"的重要论述。

（学生们齐声朗读）

师：读完之后，你们有什么感想呢？

生：我觉得习近平总书记的话很有深度，他强调了人与人之间的和谐与国家的民主发展。

3. 师：中国的文化博大精深，源远流长，一个"仁"字可以代表儒家思想的核心，可以为我们指明为人处世的准则，还是治国理政的智慧。你们觉得"仁"在我们日常生活中有什么体现吗？

生：我觉得在学校里，我们互相帮助、关心同学就是"仁"的体现。

师：那治国执政中呢？

生：可能体现在国家关心每一个公民，确保公民的权益得到保障。

师：没错，"仁"不仅仅是个人之间的相处之道，也是国家治理的智慧。

4. 深层感知，知行合一。

师：学了这么多，你们对"仁"有了哪些新的认识？请大家按照这个句式分享一下。

教师板书：我以前以为"仁"只是＿＿＿＿＿＿＿＿＿＿＿，通过这节课，我知道"仁"还可以是＿＿＿＿＿＿＿＿＿＿＿。在课后，我们可以这样实行"仁"＿＿＿＿＿＿＿＿＿＿＿。

生：我以前以为"仁"只是不欺负同学，通过这节课，我知道"仁"还可以是关心和理解他人，尽自己所能去帮助他们。在课后，我们可以多参与志愿活动，去敬老院、福利院等地方为他人做些力所能及的事情。

师：非常好！希望大家都能将"仁"的理念融入日常生活，真正做到知行合一。

【教学意图】

本教学环节旨在通过师生互动和深入探讨，使小学六年级的学生能够更深刻地理解"仁"的丰富内涵及其在现代社会中的应用价值。通过引导学生思考"仁"与"民主"的内在联系，培养学生的思辨能力和社会责任感。同时，通过朗读习近平总书记的相关重要论述，让学生感受到国家领导人对传统文化的重视，激发学生对中华优秀传统文化的兴趣和自豪感。此外，通过讨论"仁"在日常生活和治国理政中的体现，帮助学生将抽象的道德理念具体化，引导他们在实际行动中践行"仁者爱人"的精神。最终，通过"深层感知，知行合一"的环节，鼓励学生将课堂所学转化为实际行动，培养他们的道德实践能力和社会责任感，实现知行合一的教育目标。整个环节注重学生的主体性和参与性，力求在轻松愉快的课堂氛围中达到育人的目的。

四、体验营

师：我们的好朋友轩轩遇到了一个问题，我们一起来帮帮他。大家都知道，班上即将进行班干部选举，而我们的好朋友轩轩也报名竞选了班长。但是为战胜对手，他想出了"拉选票"这一招。

生：老师，轩轩想出了"拉选票"这一招，这样可以吗？

师：这是一个很好的问题。那么，我们先来讨论一下，"拉选票"是什么意思呢？

生：是不是就是请别人投自己的票？

师：对，"拉选票"通常是指通过各种方式争取别人的选票。但现在我们思考一下，如果轩轩是我们的好朋友，他想通过不正当的方式"拉选票"，我们会怎么做呢？

生：老师，我觉得这样做不对。选举应该是公平的。

师：说得很好！那么，如果轩轩找到你，希望你能投他一票，并承诺给你一些小好处，你会怎么做？

生：我会告诉他，选举应该是公平的，我不会因为他的小好处而投他的票。

师：非常棒！这就是我们今天要体验的重点。在选举中，我们应该坚持民主和公平的原则。那么，如果你发现其他同学有"拉选票"的行为，你会怎么做呢？

生：我会告诉老师或者班干部。

师：正确！维护选举的民主性是我们每个人的责任。那么，除了"拉选票"，你们还知道哪些不正当的竞选手段吗？

生：有的同学可能会说谎，夸大自己的能力。

师：通过今天的体验活动，我们深刻理解了每个人在选举中应该承担的责任。其实，这些原则都与我们之前学习的"仁"的理念息息相关。

生：老师，"仁"和选举有什么关系呢？

师："仁"是儒家思想的核心，它强调尊重、公正和关爱。在选举中，我们尊重每位候选人的权利，公正地评价他们，同时关爱整个班级的和谐与公平。我们不通过不正当手段争取选票，而是用我们的真诚和实力去赢得他人的信任，这正是"仁"的体现。

生：我明白了，所以我们要做一个有"仁"心的人，不仅在选举中，还要体现在生活的各个方面。

师：没错，同学们，希望你们在今后的学习和生活中，都能以"仁"为准则，尊重他人，关爱他人，成为一个有道德、有品质的人。记住，"仁"不仅是一种理念，更是一种行动。让我们共同努力，把"仁"的精神传承下去，创造一个更美好的世界。

【教学意图】

本环节的设计旨在通过轩轩"拉选票"的情境体验，将"仁"的核心理念融入课堂，深化学生对"仁"的理解，并引导他们在实际行动中践行。通过模拟选举场景，我们期望学生能够明确认识到，在追求个人目标时应遵循公平、公正的原则，这既是对他人的尊重也是自我尊重的体现，与"仁"倡导的关爱与平等思想不谋而合。同时，我们鼓励学生将"仁"的理念应用于日常生活的方方面面,不仅在选举中,更要在与人交往中展现尊重与关爱,从而培养他们的道德品质和社会责任感。通过这样的教学设计,期望"仁"的理念能在学生心中生根发芽,成为他们成长的坚实基石。

第三课

文质彬彬

文　文　文　文　文
　文　文　文　文
　　文　　文
　　　文

【文】

1 学习内容

▶ 材料一：买椟还珠

> 楚人有卖其珠于郑者，为木兰之柜，薰以桂椒，缀以珠玉，饰以玫瑰，辑以翡翠。郑人买其椟而还其珠。
>
> ——《韩非子·外储说左上篇》

【注释】

为（wéi）：制作。　　木兰：一种高级木料。　　柜：这里指小盒。

桂椒：香料。

缀（zhuì）：点缀。

玫瑰（méigui）：一种美丽的玉石。

辑（jí）：装饰边沿。　　翡翠（fěicuì）：一种绿色的美玉。

椟（dú）：小盒。　　还：退回。

▶ 材料二

> 子曰："质胜文则野，文胜质则史。文质彬彬，然后君子。"
>
> ——《论语·雍也》

【注释】

质：质朴的本质，引申为品德和道德修养。

文：文化、文艺、文雅等外在的形式和素养。

野：此处指粗鲁，缺乏文采。

史：言辞华丽，有虚伪、浮夸之意。

彬彬：配合得当。

【译文】

> 孔子说："内在的品质胜过外在的文采，就会过分拙朴；外在的文采胜过内在的品质，就会浮夸虚伪。文采与品质配合得宜，这样才称得上君子。"

讨论并填表：
文明有我，如何做到不给别人添麻烦呢？

文明有我	我该怎么做到不给别人添麻烦呢？
在家里	
在学校	
在校外	

自学要求

1. 想想用"文"字能组哪些词。
2. 阅读材料一，思考郑国人是一个怎样的消费者。
3. 阅读材料二，根据注释，理解文言文的大致意思，弄懂何为"文质彬彬，然后君子"。
4. 想一想生活中"文"与"质"的辩证关系，根据类似的事例讨论我们在生活中该怎么做。

3 教学设计

学习内容

文言文：《买椟还珠》《论语·雍也》等语段。

学习目标

1. 读准、读通、读懂文言文。感受文言文的语言风格。背诵相关金句。
2. 结合文言文内容，理解"文质彬彬"的中华优秀传统文化。
3. 联系生活实际，培育和践行社会主义核心价值观——"文明"。

教学重难点

教学重点：在梳理几则文言文内容的过程中，思辨"文"和"质"的关系。

教学难点：读准、读通、读懂文言文的内容，感受文言文的语言风格。

教学时间

1课时。

教学过程

一、谈话导入，初步感知

1. 用"文"字组词（学生板书组词）。
2. 观看"文"字的视频，理解"文"的含义（板书：文　外）；同时，表明古时代表"内"在的字是"质"（板书：质　内）。

3. 学生讨论：究竟"文"和"质"谁更重要呢？（学生各抒己见，形成初步的认知。）

二、思辨"文"和"质"，建构认知

究竟"文"和"质"谁更重要呢？我们这节课就来一个"文"与"质"大战。

（一）第一局：《买椟还珠》——"文"胜"质"

1. 读准文言文：出示"买椟还珠"的小古文，自由读，齐读，要求根据注音读准字音。

> 楚人有卖其珠于郑者，为木兰之柜，薰以桂椒，缀以珠玉，饰以玫瑰，辑以翡翠。郑人买其椟而还其珠。
> ——《韩非子·外储说左上篇》

2. 读通文言文：指名读文，教师指点字词和断句。
3. 读懂文言文：根据注释，小组交流，用自己的语言讲讲这个故事。
4. 思考：郑国人是一个怎样的消费者？

（引导结论：这是一个重视外表胜过本质的消费者，这样的消费者会导致选了芝麻丢了西瓜。）

5. 理解寓意，谈谈对我们的启发。

（我们不能只重视事物的外在，还要关注事物内在。即"文"不能胜"质"。）

（二）第二局：读文言文名片——"质"胜"文"

1. 出示文言文名片（描述卖国贼秦桧）。用反差手法，让学生明白质朴的内心比华丽的文采更重要。
2. 学生领会："质"胜"文"太粗野。

（三）第三局：《论语·雍也》——"文""质"彬彬

1. 出示滕王阁的图片：请学生用自己的语言形容看到的美景，紧接着出示网络段子，对比"落霞与孤鹜齐飞，秋水共长天一色"，顺势体会"文"与"质"一致。
2. 学习《论语·雍也》。

> 子曰："质胜文则野，文胜质则史。文质彬彬，然后君子。"
> ——《论语·雍也》

（1）自由朗读，根据注释理解小古文的意思。

（2）学生汇报。

（3）用文中的话概括什么样的人是君子？（完成板书：文质彬彬）

三、联系生活，践行真知

1. 联系生活，怎样才能"文质彬彬"呢？比如说，过度打扮穿奇装异服就是"文"胜"质"、小区里深夜引吭高歌就是"质"胜"文"……这些说白了，都是不文明行为。我们要培育和践行社会主义核心价值观——文明。

2. 场景一：出示学校"图书馆大声讲话"的图片，引导学生思考热爱学习的学生一定是特别文明的。总结：文明就是不给别人添麻烦。

   场景二：出示广场舞图片和扰民被投诉的新闻，引导学生思考锻炼身体扰民这种行为是否合适。总结：文明就是不给别人添麻烦。

3. 讨论：我如何做到文明，做到不给别人添麻烦。

文明有我	我该怎么做到不给别人添麻烦呢？
在家里	
在学校	
在校外	

4. 总结：希望我们每一位同学都能为"文明"代言，成为"文质彬彬"的现代人。

4 课堂实录

一、视频导入，激活认知

师：大家知道这是什么课吗？

生：语文课。

师：大家知道"文"是什么意思吗？你们能够用"文"组词吗？

生1：文化。

师：真好。请你把"文化"写在黑板上任何一个地方。还有吗？

生2：文明。

师：请你上去写。

生3：语文。

师：请你上去写。

生群：文采。

师：还有吗？

生4：课文。

师：好极了。上去写。

生5：文言文。上去写。

生6：文质彬彬。

师：太好啦。从两个字的词开始组四个字词了。请写上去。厉害了，同学们！写了满满的一黑板。同学们用"文"组的词，就是你们对"文"字的理解。那么，"文"字本来的意义是什么呢？我们来看看和"文"字有关的视频。（播放"文"字的书法演变2分钟视频）。

师：看了这个视频，大家有什么新的收获吗？

生：我知道了"文"原本的意思是"花纹"。

师：对，所以在古代"文"字往往是来表示事务的"外在"。那哪个字又表示事物的内在呢？请大家在黑板上你们写的词语中找一找，这个字就藏在里面。

生："质"。

师：你为什么认为是"质"呢？

生：因为"质"可以组词"本质"。

师：非常好！你能准确无误地找到，说明你学会了用"组词法"理解古文。

【教学意图】

课堂教学从"文"汉字入手，通过给"文"组词调动出学生对"文"的已有理解，学习从"散漫"开始，为后面逐步走向"惊人"铺垫；再让学生在"文字的演变"中，形成"文"的初步认识——"花纹"，明白"文"表示的是事物的外在，而"质"则是事物的内在。

二、阅读文本，建构认知

师：那么，"文"和"质"哪个重要呢？请同学们小组讨论。
（学生讨论）
师：谁能说说你们小组讨论的结果。
生1：我认为"文"更重要，因为如果一个人外表肮脏，会让人感觉非常不舒服。
生2：我认为"质"更重要，因为本质坏的人，长得再好看都是个坏人。
师：大家都说得很有道理，今天我们来一场"文""质"大战，看看到底哪个更重要。请大家阅读材料一，注意通过注释理解文章的意思。

📖 学生独自阅读以下材料

▶ **材料一：买椟还珠**

楚人有卖其珠于郑者，为木兰之柜，薰以桂椒，缀以珠玉，饰以玫瑰，辑以翡翠。郑人买其椟而还其珠。

——《韩非子·外储说左上篇》

【注释】

为（wéi）：制作。　　木兰：一种高级木料。　　柜：这里指小盒。

桂椒：香料。

缀（zhuì）：点缀。

玫瑰（méigui）：一种美丽的玉石。

辑（jí）：装饰边沿。　　翡翠（fěicuì）：一种绿色的美玉。

椟（dú）：小盒。　　还：退回。

师：谁能读一读？

生：楚人有卖其珠于郑者，为木兰之柜，薰以桂椒，缀以珠玉，饰以玫瑰，辑以翡翠。郑人买其椟而还其珠。——《韩非子·外储说左上篇》

师：读得很通顺，那这篇小古文是什么意思呢？大家小组讨论一下。

（小组讨论）

师：哪个小组可以汇报一下？请说给大家听听。

生：楚国有个人，他想到郑国去卖珍珠，他把盒子装饰得非常漂亮，然后郑国人就买了盒子，没有要珍珠。

师：讲得真好，这个故事名字是什么？

生：买椟还珠。

师：到底是怎样漂亮的盒子？请在文中找出来并读出来。

生：为木兰之柜，薰以桂椒，缀以珠玉，饰以玫瑰，辑以翡翠。

师：通过注释，说说是什么意思？

生：用名贵的木兰雕了一只装珠的盒子，将盒子熏了用桂椒调制的香料，用珍珠和玉石做点缀，用翡翠装饰盒子的边沿。

师：你解释得非常清楚，看来用注释理解古文的方法你已经学会了，为你点赞。大家觉得这个赵国人是一个怎样的人？

生：是一个很爱表面的人。

生：是一个很傻的人。

师：哈哈，你说得真直接，这个人太过重视——

生：外表。

师：而忽视了……

生：事情的本质。

师：所以，这个故事告诉我们不能只重视事物的外在，还要关注事物内在。即"文"不能胜"质"。

师：第一轮比赛中"文"胜"质"。现在让我们进入第二轮，猜猜这个人是谁？请一位小播音员帮我们读一读这张名片。

生：姓名××，性别男，资质自幼聪明好学，学历为登进士第（高考排名在全国前列），职位是太学学正（教育部长）和御史中丞（国家最高检察长）。

师：大家觉得这是个怎样的人？

生：这是一个博学多才的人。

生：这是一个学业有成的人。

生：这是我们常说的成功人士。

生：这个人才华横溢，简直是我的偶像。

师：想不想知道他是谁？

生：想——

师：他诬构谋反罪状，杀害岳飞，他与金朝多次签订屈辱的和约，向金称臣、纳贡、割地。他密令各地暗增民税十分之七八，使很多贫民因横征暴敛而家破人亡。

生：啊！

师：猜到了吗？他是谁？

生：秦桧！

师：看来有同学了解这个人，这个满腹诗书、书法了得的大才子，竟然就是害了岳飞的卖国贼秦桧。大家有什么感觉？

生：学习好的人也不一定是好人。

生：才华不重要，人品才是最重要的。

生：这个反差让人有点无法接受。

师：大家说得真好，所以这一局"文"和"质"，你们如何评判？

生："质"胜"文"。

师：第三局我们一起看看文学中的"文"与"质"，这里有一幅落日图，大家觉得美吗？

生：美。

师：那你能用自己的语言描述一下它的美吗？

生：夕阳西下，很多飞鸟在天空飞，湖面上倒映着美丽的霞光。

生：漂亮的晚霞，飞翔的小鸟。

师：你们很有才华，网络上有人出了这个题目，他们可没有你写得好，让我们看看。

生：哇——这么多鸟呀，这么美的水呀，真好看！

师：我们再来看看古代的大诗人是怎么写的？

生：落霞与孤鹜齐飞，秋水共长天一色。

师：（笑着问）感觉怎么样？图上的景色你们都写出来了，那是你们写得好，还是王勃写得好？

生：（不好意思地说）王勃，他写得太好了。

师：大家一起读一读这句诗。

生：落霞与孤鹜齐飞，秋水共长天一色。

师：这一轮文学界的"文""质"大战，哪个胜利？

生："文"胜"质"。

师：关于"文"和"质"的关系，大教育家孔子也曾经提到过，请看材料二，自由朗读，做到读准字音、读通句子。

（学生自由朗读）

师：谁来读一读？

生：子曰："质胜文则野，文胜质则史。文质彬彬，然后君子。"——《论语·雍也》

师：谁能读得更流利？

生：子曰："质胜文则野，文胜质则史。文质彬彬，然后君子。"——《论语·雍也》

师：字正腔圆，口齿清晰，谁能根据注释说说小古文的意思？

生：内在胜过外表，就会显得粗鲁，外表胜过内在，又会显得浮夸，所以内在和文质一样重要，要互相配合。

师：解释特别到位，如果一个人内在的品质胜过外在的文采，就会过分拙朴；外在的文采胜过内在的品质，就会显得浮夸虚伪。文采与品质配合得宜，这样才称得上君子。用文中的话概括什么样的人是君子？

生：文质彬彬，然后君子。

【教学意图】

"文质彬彬"这个词语的本意和我们现在理解的意思相差较大，为了让学生能够理解文质彬彬的深层意思，采用"文""质"大战的方法，让孩子们一层一层在辩证中理解。考虑五年级小学生阅读文言文的难度，便选用了学生耳熟能详的成语故事，这样，缓解了学习坡度，让学生在已知的知识背景下，自主地一步步地读准、读通、读懂文言文。

三、古为今用，思考"文质彬彬"的现代含义

师：在我们的生活中，怎样才能做到"文质彬彬"呢？比如说，过度打扮、穿奇装异服的行为，是"文"胜"质"还是"质"胜"文"？

生：这是"文"胜"质"，因为他们过度在乎外表，忽略自己的内心。

师：小区里深夜引吭高歌就是"质"胜"文"吗？这些说白了，都是不文明行为。我们要培育和践行社会主义核心价值观——文明。

师：那什么是文明呢？思考一下这样的场景，在大学图书馆里，同学们对某一个问题产生了不同意见，所以大声讨论起来，这是文明吗？为什么？

生：不是文明，因为大声喧哗会影响别人在图书馆看书。

师：大家思考一下，那文明是什么？

生：文明是不给别人添麻烦。

师：还有另一个场景，大妈们为了锻炼身体，在广场上跳起了广场舞，她们的音乐声音非常大，方圆几里都能听到。这是文明吗？为什么？

生：这不是文明，因为音乐声音很大，影响了周围邻居的夜间生活。

师：这再一次证明了，文明是什么？

生：文明是不给别人添麻烦。

师：在洗手间里洗完了手，把手上的水甩掉，甩得到处都是，这样的行为呢？

生：这也是很不文明的，因为这给打扫卫生的阿姨带来麻烦。

师：孩子们，那我们如何才能做到不给别人添麻烦呢？请大家讨论之后，在表格中填写下来。

（学生讨论）

师：现在把自己的想法写下来。

（学生填写）

师：写好的孩子可以说一说自己的想法。

生1：在家里，自己的事情自己做，自己收拾自己的房间，不给妈妈添麻烦。

生2：在学校，把自己的位置收拾干净，不给值日生添麻烦。

生3：自己的作业认真写完，不给老师添麻烦。

生4：在马路上，不乱扔纸屑，不给清洁工添麻烦。

生5：在公众场合，不大声喧哗，不给大家添麻烦。

师：孩子们，你们说得太好了，希望我们每一位同学都能为"文明"代言，成为"文质彬彬"的现代人。

下课！

【教学意图】

理解了"文质彬彬"这个词语之后，把它融汇到生活中的方方面面，让学生真真切切地理解什么是"文质彬彬"，用博大精深的中国文化浸润孩子们的心灵，使孩子自然而然地明白"文明"就是不给别人添麻烦。

【教学后记】

两段文言文，分别选自《韩非子·外储说左上篇》和《论语·雍也》，用更贴近中国古代的传统文化，让中华优秀传统文化，流淌于华夏儿女血脉之中，渗透在中华民族骨髓之间。

组织学生学习中，采取明暗两条线。一条明线：在读准、读通、读懂两段文言文过程中，学习文言文，感受文言文的语言风格，并背诵积累"文质彬彬，然后君子。"一条暗线：用辩证的思维让学生自己思考"文"和"质"的关系。学生在多文本阅读中，通过"文""质"之战，自己得出"文"和"质"一样重要，需要互相配合，才能得到最好的发展的结论，进而理解和传承"文质彬彬"的中华优秀传统文化，在生活中做到"文明"。课堂教学时，运用了以下策略：

一、传承文化，落脚生活实际

《义务教育语文课程标准》（2022年版）明确了语文核心素养包括文化自信、语言运用、思维能力、审美创造，其中"文化自信"排在首位。文化自信是指学生认同中华文化，对中华文化的生命力有坚定信心。中华民族傲视于世界的东方，其中，建立文化自信不可小觑。最有效率的文化自信无外乎落到实处。整节课，学生结合文言文的学习，理解买椟还珠中的"文胜质"。根据秦桧的生平理解"质胜文"的重要性，最后在文学之战中再次升华，得到"文质彬彬，然后君子"的结论，思考在自己的生活中如何做到"文质彬彬"。这样，学生才会觉得理解和传承中华优秀传统文化的过程不是空对空，而是有意义的。

二、课堂教学关注生发过程

学生的学习一直处在"单盲"的状态中，或感知，或探究。学生学习开始用"文"组词"文明、文化、语文、文学、文质彬彬"，不知不觉地进入学习状态。为了探讨"文"和"质"的关系，学生要自读两个文本。考虑到五年级小学生阅读文言文的难度，加入了大量的注释。这样，缓解了学习坡度，降低了学习难度。学生由浅入深，渐入佳境。学生在学习中自然而然地领悟到了"文和质"同样重要的文化内核。

整节课一直凸显学生的学习过程，关注学生的生长。"文质彬彬"这个词的辩证理解有难度，但学生在一次又一次的"文""质"大战中真切地理解了词语的内在含义。

三、教学设计深入浅出

课堂巧妙地用"文"字的历史演变，激发探究欲望，激发学习兴趣；再通过"文""质"大战让学生对"文质彬彬"的固有理解得到了升华。然后，学生在生活中的几个场景里初步认识到"文明就是不给别人添麻烦"。于是，课堂就紧紧围绕"如何在生活中做到文明"的议题广泛而深入探讨。在上课过程中，学生逐渐明白"文质彬彬"的深层含义。整节课的设计降低了学生学习文言文的难度，让学生深入浅出地理解中华传统文化的深意，可以说做到了独具匠心。

第四课

和而不同

【和】

许多乐器发出不同的声音，形成有节奏的旋律，即"和谐"。

① 学习内容

▶ 材料一：牛人史伯

春秋时期，距离现在2000多年，有个牛人叫史伯，他预言西周不久就会灭亡。后来，西周果然很快就不复存在了。世人便称史伯是能知天下事的第一人。那么，史伯怎么能预知西周的灭亡呢？

西周末年是周幽王当政，这个周幽王就是"烽火戏诸侯"故事的男主角，他不问政事，任用小人。这些人善于奉承。许多有识之士都在考虑退路，连周幽王的一个叫郑伯友的叔叔，也想另谋出路。有一天，郑伯友问史伯怎么知道周朝会灭亡。史伯说了五个字"去和而取同"。什么意思呢？周幽王只喜欢听与他自己相同的意见，听不进不同的意见。原来，史伯认为，"和"是不同事物之间的协调平衡，"和"的基础是不同，如果去掉了"不同"这个基础，变成无差别的一味地"同"，就会很危险。正是基于这样的思考，史伯提出了"和实生物，同则不继"的伟大思想。

> "夫和实生物，同则不继。以他平他谓之和，故能丰长而物归之；若以同稗（bài）同，尽乃弃矣。"
>
> ——《国语·郑语》

【注释】

平：平衡。　　谓：称为，叫做。

稗：稻田的害草，这里是指彼此受害。

【译文】

"和谐才是创造事物的原则，同一是不能永远长有的。把不同的东西结合在一起而使它们得到平衡，这叫做和谐，所以能够使物质丰富而长久；如果同上加同，不仅不能产生新的事物，一切也会变得平淡无奇，没有生气，有时反而彼此受害，也就会被抛弃了。"

材料二：晏子善谏

史伯提出"和实生物，同则不继"的思想，实在了不起。两百多年之后，有一个人进一步继承和发扬了这种思想。这个人叫晏子。

晏子是春秋时期齐国著名的思想家、外交家和政治家。大家学了《晏子使楚》吧，就是他，特别聪慧，能言善辩，辅佐齐国三朝国君（齐灵公、齐庄公、齐景公）50多年。齐景公有一个宠臣叫梁丘。有一天，齐景公打猎回来，梁丘据距离老远就来接齐景公。景公很高兴地对晏子说："这么多臣子，只有梁丘据与我和谐。"晏子说："不对呀，梁丘据也不过是与您相同而已，哪里能说得上和谐呢？"景公糊涂了，忙问："难道和谐与相同有差别吗？"晏子回答说：

> "异。和如羹焉，水火醯（xī）醢（hǎi）盐梅，以烹鱼肉，燀（chǎn）之以薪。声亦如味，清浊、大小、短长、疾徐、哀乐、刚柔、迟速、高下、出入、周疏，以相济也。……若以水济水，谁能食之？若琴瑟（sè）之专一，谁能听之？"
>
> ——《左传·昭公二十年》

【注释】

醯：醋。　　　　醢：肉酱。　　　梅：酸味调味品。　　燀：炊。
薪：柴火。　　　周：密。　　　　相济：相互补充。　　琴瑟：两种弦乐器。

【译文】

> "有差别。和谐就像做肉羹，用水、火、醋、酱、盐、梅来烹调鱼和肉，用柴火烧煮。声音也和味道一样，有清和浊、大和小、短和长、急和缓、哀和乐、刚和柔、慢和快、高和低、出和入、密和疏，这些相互补充。……如果用水调和水，谁能喝呢？如果用琴只弹一个音，谁听得下去？"

材料三

> 子曰："君子和而不同，小人同而不和。"
>
> ——《论语·子路》

【译文】
　　孔子说:"君子讲求和谐而不同流合污,对具体问题的看法上不必苟同于对方;小人习惯于在对问题的看法上迎合别人,表面上相同,但在内心深处并不友善。"

自学要求

1. 想想用"和"字能组哪些词。

2. 阅读材料一和材料二,思考什么是"和谐"。把你的依据画出来。

3. 反复朗读三段文言文,读准生僻字,读通句子。留意"注释"和"译文",了解文言文的大致意思。

4. 想一个生活中与文言文里类似的事例。

❸ 教学设计

学习内容

文言文：《国语·郑语》《左传·昭公二十年》《论语·子路》等语段。

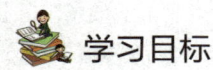

学习目标

1. 能读准、读通、读懂三段文言文。感受文言文的语言风格。背诵相关金句。
2. 结合文言文内容，理解"和而不同"的中华优秀传统文化。
3. 联系生活实际，培育和践行社会主义核心价值观——"和谐"。

教学重难点

教学重点：在梳理文言文内容的过程中，理解"和而不同"的文化内核。

教学难点：读准、读通、读懂文言文的内容，感受文言文的语言风格。

教学时间

1课时。

教学过程

一、视频导入，初步感知

1. 播放视频：2008年8月8日晚上8点零8分，中国北京举行了举世瞩目的奥运会。我们一起回看一下当时的开幕式盛况……一个"和"字荏苒千年，发展变化（板书"和"）。

2．你可以用"和"组词吗？

和平、和蔼、和谐、和解、和睦、和善、和顺、和美、和畅、和煦、和缓、和风、和好、和合、和会、和局、和气、和洽、和声、和数、和谈、和婉、和弦、和议、和约、和悦、和亲、平和、媾和、温和、柔和、随和、掺和、调和、祥和、亲和、和而不同、和颜悦色、和风细雨、和衷共济、和气生财、和睦相处、和蔼可亲、和平共处、风和日丽……

3．出示甲骨文："和"（形声字：禾，声旁；口，形旁。表示很多乐器发出不同的声音，形成有节奏的旋律，即"和谐"——社会主义核心价值观就有这个核心词）。

二、阅读文本，建构认知

1．阅读《国语·郑语》语段

中国汉字八九万，常用汉字三四千，为什么举世瞩目的盛会中只演绎"和"字？这个字背后一定藏有深厚的中国文化。请大家拿起两篇文稿，读一读。

（学生读完后）

（1）读完材料一《牛人史伯》，你觉得什么是"和谐"？你的依据是什么（可用文本原句说明）？

（2）其中，史伯是怎么说的？（动态产生，出示史伯语）

①领读，练读，查读生僻字。文中有两处四个字的短语，句式一样的，找出来，读一读（"以他平他""以同稗同"）。

②谁能完整地把这两句的意思说给大家听听？

③联系生活谈体会：生活中，真是这样的吗？

最简单的事例：土加土，还是土；水加水，还是水。土加水，则成泥，便可砌墙；再加火烧，则可成各种陶器和砖瓦。

你明白了什么？（刷红金句）

④结合故事理解：

史伯认为：

和谐才能生成万物，事物同一就不能发展，于是，史伯提出了一个伟大的思想——（齐读）"和实生物，同则不继"；

"和"的基础是"不同"，如果去掉了"不同"这个基础，变成一味地

"同",就会很危险——(齐读)"和实生物,同则不继";

也正是由于史伯发现周幽王"去和而取同",便断言周朝的末日即将来临——(齐读)"和实生物,同则不继"。

2. 阅读《左传·昭公二十年》选文

(1)你从材料二《晏子善谏》中,懂得了什么是"和谐"?你的依据是什么(可用文本原句说明)?

(2)其中,晏子是怎么说的?(动态产生,出示晏子语)

①查读生僻字,再分几句话,读出大意。

②谁能完整地把这一段的意思说给大家听听?

③联系生活谈体会:读了这段话,你有何感受?

言下之意:梁丘据在身边,没有什么作用。

如果只有一种口味,单调得令人生厌;只有一种声音,单调得没办法听;只有一种颜色,单调得没办法看;只有一种＿＿＿＿＿＿,单调得＿＿＿＿＿＿。这就叫(齐读"若以水济水,谁能食之?若琴瑟之专一,谁能听之?")

3. 阅读比较

①比较史伯和晏子的话,你发现了哪些异同之处?(和而不同)

②比晏子晚几年的孔子,便接过了这面大旗。谈谈你的理解。

内在的和谐统一,而非表面上的相同一致。

高明人强调和谐,包容差异;不高明人强调一致,不容差异而矛盾。

4. 结合《论语》,总结梳理。

归纳总结:呈现一脉相承的"和而不同"文化金句("君子和而不同,小人同而不和")。(板书:和而不同)

三、联系生活,践行真知

1. 体验营:学习了"和而不同"的文化,以后知道怎么做了吗?(多民族相融合,不要小题大做、闹不团结、一言堂、人云亦云……)

情景一——《买饭桌》续写:吾暗自窃笑,曰:"父母勿争,吾有话不知当讲不当讲?"……

情景二——"六一儿童节这天,我已经非常高兴了,因为我取得了游泳比赛的第一名。而周小田同学第三次跟我说我游泳姿势不对的问题。"如果遇到这种情形,你会怎么做?

2. 回归黑板，圈出所有词语，从而凝练中国五千年的文化的"和"字。

"和而不同"的思想，已在中华文明历史长河中缓缓流淌了几千年。一个"和"字，体现中国传统文化的博大精深和源远流长。这真是，"一字一世界，一字一乾坤"！

4 课堂实录

（课前互动）

师：上课。同学们好！

生：老师，您好！

师：请坐。猜猜我姓什么？

生：余（齐声回答）。

师：你们怎么知道？

生：屏幕上有显示。

师：什么"余"？

生："年年有余"的"余"。

师：明明是"多余"的"余"啦（笑声）！我也会猜你们。你们大多数是 2009 年出生的，对不对？

生：对。

一、视频导入，激活认知

师：在你们出生的前一年，2008 年的 8 月 8 日晚上 8 点零 8 分，中国北京举行了举世瞩目的第 29 届——

生：奥运会（生齐说）。

师：来，我们一起回看当时开幕式的盛况（播放 2008 奥运会活字印刷 2 分钟视频）。

师：一个"和"字荏苒千年，发展变化（相机隶书板书："和"）。中国汉字八九万，光常用的都有三四千，为什么偏偏就用一个"和"字，在盛会上演绎呢？"和"字的背后一定藏着什么。你们能够用"和"组词吗？

生 1：和气。

师：真好。请你把"和气"写在黑板上任何一个地方。还有吗？

生 2：和谐。

师：请你上去写。

生 3：和平。

师：请你上去写。

生群：和睦、和善、和顺、和蔼、和风、和好、和局、和声、和亲。

师：还有吗？

生4：祥和。

师：好极了。跟大家不同，"和"字在词语后面了。上去写。

生5：随和。

师：很好。上去写。

生6：风和日丽。

师：太好啦。从两个字的词开始组四个字词了。请写上去。

生群：和衷共济、和气生财、和平共处……

师：厉害了，同学们！写了满满的一黑板。

师：同学们用"和"组的词，就是你们对"和"字的理解。那么，"和"字本来的意义是什么呢？我们来看看"和"字的甲骨文，右边禾苗表示读音；左边是一张嘴，在吹很多乐器，并且每支乐器有很多孔，说明吹出的不止一个音，也不止一个调。这些不同的音、不同的调，形成一种和谐的旋律，人们才愿意听。这就是"和"的本来意思——

生群：和谐（学生齐读）。

师：看看同学们组的词中有没有"和谐"？（转身向黑板，用红笔圈出"和谐"），谁写的？

生（齐声说）：赵方舟。"谐"字写错了——（把"白"写成了"曰"）。

师：来，赵方舟，请上来订正！

师：（等赵方舟订正完，扶着他的肩膀）同学们都指出你的错误，此时什么心情？

生：很尴尬。

师：尴尬就好（全班学生笑）。接下来，只要你认真学习，等会儿你一定会舒服的。

师："和谐"——社会主义核心价值观就有这个核心词（出示课件）。

【教学意图】

课堂教学从"和"汉字入手，适当地用第29届奥运会开幕式视频设置一种悬念，激发学生探究欲望和阅读兴趣。通过用"和"组词，调动出学生对"和"的已有理解，学习从"散漫"开始，为后面逐步走向"惊人"铺垫；再让学生在"画说汉字"中，形成"和"的初步认识——"和谐"。尤其是即兴抓住课堂动态生成的教学资源，故意放大学生赵方舟的"尴尬"，为学生在课堂中体验学习埋下一个有意义的伏笔。

二、阅读文本，建构认知

师：那么，什么是"和谐"呢？请大家阅读两份材料，注意屏幕上的提示（PPT显示：阅读材料一、二，思考什么是"和谐"？作批注，并把你的依据画出来）。音乐停，你们就停下来。

📖 学生独自阅读以下材料

🟠 材料一：牛人史伯

春秋时期，距离现在2000多年，有个牛人叫史伯，他预言西周不久就会灭亡。后来，西周果然很快就不复存在了。世人便称史伯是能知天下事的第一人。那么，史伯怎么能预知西周的灭亡呢？

西周末年是周幽王当政。这个周幽王就是"烽火戏诸侯"故事的男主角。他不问政事，任用小人。这些人善于奉承。许多有识之士都在考虑退路，连周幽王的一个叫郑伯友的叔叔，也想另谋出路。有一天，郑伯友问史伯怎么知道周朝会灭亡。史伯说了五个字"去和而取同"。什么意思呢？周幽王只喜欢听与他自己相同的意见，听不进不同的意见。原来，史伯认为，"和"是不同事物之间的协调平衡，"和"的基础是不同，如果去掉了"不同"这个基础，变成无差别的一味地"同"，就会很危险。正是基于这样的思考，史伯提出了"和实生物，同则不继"的伟大思想。

> "夫和实生物，同则不继。以他平他谓之和，故能丰长而物归之；若以同裨（bài）同，尽乃弃矣。"
>
> ——《国语·郑语》

【注释】
平：平衡。　　谓：称为，叫做。　　裨：稻田的害草，这里是指彼此受害。

🟠 材料二：晏子善谏

史伯提出"和实生物，同则不继"的思想，实在了不起。两百多年之后，有一个人进一步继承和发扬了这种思想。这个人叫晏子。

晏子是春秋时期齐国著名的思想家、外交家和政治家。大家学了《晏子使楚》吧，就是他，特别聪慧，能言善辩，辅佐齐国三朝国君（齐灵公、齐庄公、齐景公）50多年。齐景公有一个宠臣叫梁丘据。有一天，齐景公打猎回来，梁丘据距离老远就来接齐景公。景公很高兴地对晏子说："这么多臣子，只有梁丘据与我和谐。"晏子说："不对呀，梁丘据也不过是与您相同而已，哪里能说得上和谐呢？"景公糊涂了，忙问："难道和谐与相同有差别吗？"晏子回答说：

> "异。和如羹焉，水火醯（xī）醢（hǎi）盐梅，以烹鱼肉，燀（chǎn）之以薪。声亦如味，清浊、大小、短长、疾徐、哀乐、刚柔、迟速、高下、出入、周疏，以相济也。……若以水济水，谁能食之？若琴（qín）瑟（sè）之专一，谁能听之？"
>
> ——《左传·昭公二十年》

【注释】

醯：醋。　　醢：肉酱。　　梅：酸味调味品。　　燀：炊。
薪：柴火。　　周：密。　　相济：相互补充。　　琴瑟：两种弦乐器。

【译文】

> "有差别。和谐就像做肉羹，用水、火、醋、酱、盐、梅来烹调鱼和肉，用柴火烧煮。声音也和味道一样，有清和浊、大和小、短和长、急和缓、哀和乐、刚和柔、慢和快、高和低、出和入、密和疏，这些相互补充。……如果用水调和水，谁能喝呢？如果用琴只弹一个音，谁听得下去？"

▶ 材料三

比晏子晚几岁的孔子高高举起了这面大旗：

> 子曰："君子和而不同，小人同而不和。"
>
> ——《论语·子路》

师：都读完了吧。什么是和谐？请把文中的依据读给大家听。同学们可以按这样的句式交流（屏显：我认为"和谐"是_____。我是从_____读出来的），其他同学边听边修正自己的看法。我们先看材料一。

生1：我认为"和谐"是不同事物之间的协调平衡。我是从这一句读到的——原来，史伯认为，"和"是不同事物之间的协调平衡，"和"的基础是不同，如果去掉了"不同"这个基础，变成无差别的一味地"同"，就会很危险。

师：真好！有相同意见的请举手。还有吗？

生2：我认为"和谐"的基础是不同。我是从这一句读到的——有一天，郑伯友问史伯，你怎么知道周朝会灭亡。史伯说了五个字"去和而取同"。什么意思呢？周幽王只喜欢听与他自己相同的意见，听不进不同的意见。所以，史伯可以准确预言西周不久就会灭亡。

师：是啊！不同的意见才能帮助我们不断反思、进步。

生3：我也认为"和谐"的关键是不同。我是从文言文里猜到的。

师：啊！我喜欢你这个"猜"字，读文言文就要猜。那我们一起来读史伯的话，好吗？

生（"摸爬滚打"地自由地反复读，逐渐齐读）："夫和实生物，同则不继。以他平他谓之和，故能丰长而物归之；若以同裨同，尽乃弃矣。"

师：我发现你们越读越好。"夫"在文言文的开头，它是语气词，读第二声。读"夫（fú）——"

（全班一起读）

师：文言文啊，读着读着，差不多就猜出来意思了。我读的时候发现两个地方、四个字的短语，句式相同，你能找出来吗？

生1："同则不继，尽乃弃矣。"

师：有多少人跟他一样？5个。与他不一样的举手？

生2："和实生物，同则不继。"

师：有多少人跟她一样？十几个。还有不同意见吗？

生3："以他平他"和"以同裨同"结构一样。

师：原来这两个地方结构更一样。说明刚才有同学在不断修正自己的意见。这就是学习。

什么意思？猜一猜。

生1："以他平他"的意思就是两种事物在一起，让他们平衡。

师：只是两种吗？"他"怎么理解？

生1：不一定只有两种。这里的"他"，我觉得并不是指几种，而是指不同的事物，多种意见。

师：听课老师和同学们都给你掌声了。你把它的意思说完。

生1：把不同的东西结合在一起，让它们得到平衡，这叫做"和谐"，所以，事物可以不断发展，丰富而长久。

师：哇，真不简单！你把这句话的意思都讲出来了。建议同学们再读这句话——

生齐读："以他平他／谓之和，故／能丰长／而／物归之。"

师：好极了。那什么是"以同稗同"，猜猜？

生2：相同的东西在一起会互相受害。

师：这里一个"稗"字，本来是一种害草，她理解成了一种受害，有意思。

生3：（禁不住）老师，我来说这句的意思。这句话就是说，如果同上加同，不仅不能产生新的事物，平淡无奇，没有生气，有时反而彼此受害，慢慢地，也就会被抛弃了。

师：太棒了！我啥话也没有说的了。同学们齐读最后这句——

学生齐读："若／以同稗同，尽／乃弃矣。"

师：能连起来背诵这句吗？先男同学，后女同学。

男女生分别齐背："以他平他／谓之和，故／能丰长／而／物归之；若／以同稗同，尽／乃弃矣。"

师：这段文言文一共有几句话呀？

生：两句。

师：你们发现第一句和第二句有什么关系没有？

生：我觉得第一句话应该是史伯的观点，第二句话是史伯进一步解释这个观点的。

师：也就是我们经常说的，第一句话就是这一段的——

生：总起句。

师：第二句话，我们刚才读明白了。那么第一句话的意思，相信你不用猜，就能讲给大家听了！

生：史伯觉得和谐才是创造事物的法宝，如果相同，那这种事物不可能永远存在。

师：同意吗？（同意。）来，我们一起读全文——

生（齐读）："夫（fú）／和／实生物，同／则不继。以他平他／谓之和，故／能丰长／而／物归之；若／以同稗同，尽／乃弃矣。"

师：大千世界，真有这样的事吗？土加土，还是——

生1：土。

师：水加水——

生2：还是水。

师：我土加水——

生3：（迟疑了一下）泥。

师：我泥加火——

生4：陶瓷。

师：我泥加火——

生5：砖头。

师：陶瓷可供观赏，砖头可建高楼大厦。是不是"以他平他谓之和，故能丰长而物归之"？2000多年前的史伯正因为认识到，和谐才能生成万物，事物同一就不能发展。于是，他提出了一个伟大的思想，齐读——

生（齐读）："和／实生物，同／则不继。"（PPT红色标注）

师：史伯告诫人们，"和"的基础是"不同"，如果去掉了"不同"，变成一味的"同"，就会很危险，读——

生（齐读）："和／实生物，同／则不继。"

师：正因为史伯发现周幽王"去和而取同"，便能预知周朝的末日。他的理论武器就是，读——

生（齐读）："和／实生物，同／则不继。"

师：这句话，其实就是史伯的金句，"黄金"的"金"。

【教学意图】

乍一看，这节课好像是组织学生阅读历史故事。其实不然，这是带领学生学习文言文。考虑到小学六年级学生阅读文言文的难度，我便把文言文嵌入有趣的故事，缓解了学习坡度。学生在老师的"忽悠"下，自主地一步步地读准、读通、读懂文言文。学习过程中，老师不直接告知，而是尽力让学生"摸爬滚打"地读。学生读着读着，自然而然地感受了文言文语言的魅力，背诵了金句，还联系生活，理解和传承中华优秀传统文化，可谓一举多得。

师：这是材料一。再看材料二，你认为什么是"和谐"？你从哪里找到依据的？同学们可以按这样的句式交流（屏显：我认为"和谐"是_____。我是从_____读出来的），其他同学边听边修正自己的看法。

生1：我认为"和谐"的基础就是不同。我是从这句读到的："君王认为合适的，但其中也有不合适的，臣子进言指出其中不合适的，可以使其更加完备；君王认为不合适的，其中也有合适的，臣子进言指出其中合适的，去除其不合适的。"

生2：我也认为"和谐"的基础就是不同。我是从晏子的回答中读到的："异。和如羹焉，水火醯醢盐梅，以烹鱼肉，燀之以薪。声亦如味，清浊、大小、短长、疾徐、哀乐、刚柔、迟速、高下、出入、周疏，以相济也。……若以水济水，谁能食之？若琴瑟之专一，谁能听之？"

师：她直接把古文读出来了，那我们就来读古文。试试怎么读？

生（齐读）：异。和如羹焉，水火醯醢盐梅，以烹鱼肉，燀之以薪。……若以水济水，谁能食之？若琴瑟之专一，谁能听之？

师：没想到，这么难的文言文，同学们读得很轻松。尤其那些生僻字，我都看得害怕。

生：文言文虽有生僻字，但我们可以借助注释。比如："和如羹焉，水火醯醢盐梅，以烹鱼肉，燀之以薪。"

师：（故意惊讶地）你说什么？再说一遍。

生：文言文虽有生僻字，但我们可以借助注释来学习。（掌声）

师：这掌声表明大家明白了"借助注释学习古文"的方法。那么，我们再来读读这句生僻字很多的句子。

生（齐读）："和如羹焉，水火醯醢盐梅，以烹鱼肉，燀之以薪。"

师：谁愿意读？

生1："和如羹焉，水火醯醢盐梅，以烹鱼肉，燀之以薪。"

师：真好。还可以读出一点味道来吗？

生2："和／如羹焉，水火醯醢盐梅，以烹鱼肉，燀之以薪。"

师：有进步了，读出了节奏。能再接再厉吗？

生3："和／如羹焉，水火／醯醢／盐梅，以烹鱼肉，燀之以薪。"

师：越来越有意思了！我有个温馨提示，读的时候，不仅要读出每个字的意思，还要读出整句背后的意思。谁来？有请！

生4："和／如羹焉，水、火、醯、醢、盐、梅，以烹鱼肉，燀之以薪。"

（全场掌声响起）

师：我感觉你把他（生3）读的词语节奏读成了顿号的感觉。为什么要这样读？

生4：为了突出"水、火、醯、醢、盐、梅"是不同的事物。

师：你来说说，为什么大家都给她掌声？

生5：辛美怡读出顿号的感觉，就是强调美味来自各种不同的食材，也就是巧妙地读出"和谐"的基础是不同。

师：看来你是辛美怡的知音（笑声）。来，各自读一遍——

生：（情不自禁齐读）"和/如羹焉，水、火、醯、醢、盐、梅，以烹鱼肉，燀之以薪。"

师：估计这句话的意思很明白了，谁来说说？

生：和谐就像煮肉羹，把水、火、醯、醢、盐、梅等不同食物，调和在一起，用柴火来煮熟。

师：谢谢你！这一句话读好了，下一句话就迎刃而解了。读——

生（齐读）："声亦如味，清浊，大小，短长，疾徐，哀乐，刚柔，迟速，高下，出入，周疏，以相济也。"

师：真好！谁来读？

生1："声亦如味，清浊，大小，短长，疾徐，哀乐，刚柔，迟速，高下，出入，周疏，以相济也。"

师：送你四个字——字正腔圆。

生2："声/亦如味，清浊，大小，短长，疾徐，哀乐，刚柔，迟速，高下，出入，周疏，以相济也。"

师：也送你四个字"声情并茂"。但温馨提示，还可读得更好。

生3：（迫不及待地）"声/亦如味，清、浊，大、小，短、长，疾、徐，哀、乐，刚、柔，迟、速，高、下，出、入，周、疏，以相济也。"

师：谢谢你！你很聪明，强调了和谐的基础是不同。但这里如果读出顿号的感觉，听众就会嫌长了，不中听，有点和尚念经的味道。听到老师这样的评价，心情怎样？

生3：（脸红）不想读了。

师：（笑）这就对了！你不想读，我想读（把"清浊，大小，短长，疾徐，哀乐，刚柔，迟速，高下，出入，周疏"10个词读出跌宕起伏来）。

师：（面对生3）还想读吗？

（全班学生又开心地齐读一遍）

师：（面对生2）明白什么？

生2：唱歌、说话也和做美食一样，轻重缓急，高低起伏，快慢相济，人们才愿意听。

师：是啊！如果一个调、总是一个音、始终一个节奏，还有谁听呢？

后面这句话就好说了。读——

生（齐读）："若以水济水，谁能食之？若琴瑟之专一，谁能听之？"

师：我听出问号来，但是没有听得那么明显，再读一遍！

生（齐读）："若/以水济水，谁能食之？若/琴瑟之专一，谁能听之？"

师：好极了。我感觉再问这句话是什么意思，就多余了。来，把全文读一遍，能背诵的就背诵。预备——起——

（全班齐诵文段）

师：史伯那段话有句金句，那晏子这段话的金句是——

生（齐读）："若/以水济水，谁能食之？若/琴瑟之专一，谁能听之？"

【教学意图】

学习文言文，其实方法很简单。在课堂上，老师始终在"诱导"学生自己诵读，将诵读的形式与古文的理解有机地融合起来，相得益彰，这就是读出文字背后的意思。学生在有意义的学习中，能够切身感到学习原来这样有意味。

三、比较阅读，升华认知

师：我们一起来比较史伯和晏子的话，你发现了哪些异同之处？

生1：史伯第一个提出和谐的基础是不同。晏子则是发扬光大了史伯是思想。

生2：史伯的话很抽象，晏子的语言很形象。

生3：这两段文言文，都是表达一个意思，即不同的事物达到平衡，才能发展壮大；如果相同，很快就没有了。

生4：史伯和晏子都强调和谐的基础是不同。我想到了一个词——和而不同。（掌声）

师：我感觉你们不需要余老师了，你们完全可以自己学习了。（顺势隶书补充板书："和而不同"）

师：所以，孔子就有这么一句话。读——

生（齐读两遍）："君子/和而不同，小人/同而不和。"

师：什么意思？

生：君子和谐但是会有争议，而小人喜欢附和别人的意见，但是并不和谐。

师：有意思。生活中有这样的人吗？历史中有这样的事吗？

生1：有。我读历史中记得，王安石和司马光都是北宋时期的宰相，两人政治观点相互对立，但是两人却互相学习，甚至相依相敬。有一次，皇帝重用王安石变法，而司马光被贬。王安石替司马光说情。后来王安石变法失败要被杀，这时候司马光为王安石说情。他们两人虽然政治观点不同，但是都是想让国家强大，这就是"和而不同"。（全场掌声）

师：哇，这也知道啊。你一定是一个爱读书的孩子！北宋时期，这两人是政坛和文坛的两颗巨星，是公认的君子，连皇帝都佩服地对他们说："卿等皆君子也！"生活中也有这样的事吗？

生2：我说的是生活中的事情。刚才同学说的是君子，我说的是一个不是君子的事。我有一个那时候认为是的朋友。当时有一个明星，非常有名，但是我并不是非常喜欢这个明星。我那朋友马上就说："对啊对啊，我觉得这个明星好烦啊，我也不喜欢他。"后来，我无意中发现他的手机屏保就是这个明星的照片，说明我这朋友是喜欢这个明星的。

师：表面上应和你，但是实际上不一样。有意思。我们不说你这朋友是小人，但他至少是"同而不和"。其实，生活中无处不有"和而不同"，无时不要"和而不同"。（走到前面写错"和谐"字的赵方舟面前，扶着他的肩膀）赵方舟，同学们发现你写错字，还夸你"写对了写对了"，是这样合适，还是当场给你指出来合适？

赵方舟：当然指出我的错误，才是真正帮助我。

师：你这次在大庭广众下学会了写"谐"，我相信一辈子就不会错了。如果没有今天，说不定你错写一辈子。请问，你还尴尬吗？

赵方舟：不尴尬了。幸亏同学们帮我！

师：（又面对读"声/亦如味"没把握节奏的同学）那你呢，你还脸红吗？

生：没事啊。原来余老师是有意训练我啊！

师：学习了"和而不同"的文化，以后知道怎么做了吗？（多民族相融合，不要小题大做、闹不团结、一言堂、人云亦云……）

比如说，我们有这样的生活情景——给《买饭桌》续写：爸爸要买一张四方的中式饭桌，而妈妈坚持买一张圆形白色饭桌。吾暗自窃笑，曰："父母勿争，吾有话不知当讲不当讲？"……

生：（略）

师：生活中还有一个真实情景——"六一儿童节这天，我已经非常高兴了，因为我取得了游泳比赛的第一名。而周小田同学第三次跟我说我游泳姿势不对的问题。"如果遇到这种情形，你会怎么做？

生：我感激周小田同学，他给我提意见，是真心帮助我。

师：真好！学习中华典籍，不仅帮助我们领会社会主义核心价值观"和谐"，还让我们不断反思生活，进步自己。

师：好！我们再回到黑板，看看你们写的词语。你们说一个国家、一个团队的"和平"，要不要"和而不同"？（学生说"要"，老师顺势用红色笔圈出"和平"。类似地，圈出了所有"和好""和睦""和衷共济""和气生财"等词语。）每一个词都离不开"和而不同"。我们带着一颗崇敬的心再来回忆一下刚才的三句金句。2000多年前的史伯大胆地提出一个伟大思想，读——

生："和 / 实生物，同 / 则不继。"

师：比他晚两百年之后的晏子发扬光大了这个理论。读——

生："若 / 以水济水，谁能食之？若 / 琴瑟之专一，谁能听之？"

师：比晏子晚几岁的孔子，高高举起这面大旗，用于指导生活的每一个细节。读——

生："君子 / 和而不同，小人 / 同而不和。"

师：这就是一脉相承的"和而不同"的中华文化。乃至这八卦图，一黑一白，一阴一阳，一动一静，形成了一个和谐的一体，所以"和"这个字凝练了中国五千年的文化。读——

生："一字一世界，一字一乾坤。"

师：下课！

【教学意图】

　　一个细节，拯救一个孩子的一生，这是教育更重要的意义所在。老师再次启用写错"和谐"字的赵方舟教学资源，既帮助赵方舟释怀，又动态地融合学习内容，让学生真真切切地感悟到了"和而不同"中华文化的博大精深。

【教学后记】

　　三段文言文，分别选自《国语·郑语》《左传·昭公二十年》《论语·子路》。它们是一脉相承的"和而不同"中华优秀传统文化的源头，也是中华优秀传统文化的典范，流淌于华夏儿女血脉之中，渗透在中华民族骨髓之间。

组织学生学习中，采取明暗两条线。一条明线：在读准、读通、读懂三段文言文过程中，学习文言文，感受文言文的语言风格，并背诵积累"和实生物,同则不继。""若以水济水,谁能食之？若琴（qín）瑟（sè）之专一,谁能听之？""君子和而不同,小人同而不和。"同时，激发小学生学习文言文兴趣，培养学习文言文的能力。一条暗线：基于课程重构和大量阅读的认识，学生在多文本阅读中，通过类比、统整、归纳，在"和"的"议题"中衍生、构建"和而不同"的"主题"，从而理解和传承"和而不同"的中华优秀传统文化。这是群文阅读的意义所在。

课堂教学时，运用了以下策略：

一、传承文化落脚生活实际

《义务教育语文课程标准》（2022年版）明确了语文核心素养包括文化自信、语言运用、思维能力、审美创造。其中"文化自信"排在首位。文化自信是指学生认同中华文化，对中华文化的生命力有坚定信心。中华民族傲视于世界东方之林，建立文化自信不可小觑。最有效益的文化自信无外乎落到实处。整节课,学生结合文言文的学习,理解史伯、晏子、孔子对"和而不同"的提出和发扬光大，都来自实践，并指导实践。不仅如此，传承"和而不同"文化时,紧密联系实际。比如,"土加土,还是土；水加水,还是水。土加水,则成泥,便可砌墙；再加火烧,则可成各种陶器和砖瓦"。又如，"王安石和司马光的历史典故""学生之间对明星的看法"等。更有意义的是，学习过程中，我精心地利用学生错写"谐"和读课文不抑扬顿挫等动态资源，让学生真真切切感悟"和而不同"，理解和传承中华优秀传统文化不是空对空，感觉学习是有意义的。

二、课堂教学关注生发过程

学生的学习一直在"单盲"的状态中，或感知或探究。学生学习开始用"和"组词"和谐、和解、和睦、和衷共济、和气生财、和蔼可亲"，不知不觉中进入学习状态。为了探讨什么是"和谐"，自读两个文本。文本当然是我重新编辑过的。我考虑六年级小学生阅读文言文的难度，适当地将文言文嵌入有趣的故事，缓解了学习坡度，降低了学习难度。学生由浅入深，渐入佳境。哪怕是读文言文中的生僻字，也是兴致盎然。比如，读到"和如羹焉，水火醯（xī）醢（hǎi）盐梅，以烹鱼肉，燀（chǎn）之以薪"处，恍然大悟；读到"声亦如味，清浊、大小、短长、疾徐、哀乐、刚柔、迟速、高下、出入、周疏，以相济也"处，抑扬顿挫。学生在学习中自然而然地领悟了"和而不同"的文化内核。

整节课一直凸显学生的学习过程，关注学生的实实在在的生长。文本虽难，但我没有简单地灌输，连诵读也一直在潜移默化地培养能力，而不是直接告知学生该怎么读。

三、教学设计在乎首尾呼应

课堂从"和"汉字入手，巧妙地用第29届奥运会开幕式视频设置一种悬念，激发探究欲望，激发学习兴趣；再通过"和"组词来调出学生对"和"的已有理解；然后，学生在"画说汉字"中，形成"和"的初步认识是"和谐"。于是，课堂就紧紧围绕"什么是和谐"的议题广泛而深入探讨。当课上完的时候，学生深入浅出，明白"和"字凝练了中华五千年的文化，这真是"一字一世界，一字一乾坤"。整节课的设计可谓独具匠心，上一节课犹如看一本书，有序有跋，首尾呼应，一气呵成。

第五课

道法自然

道　衜　道　衜　道　衜　衜　道

【道】

本义"引导，"
又指"道路"。

① 学习内容

▶ 材料一

> 道生一，一生二，二生三，三生万物。
>
> ——《道德经》第四十二章

▶ 材料二

> 有物混成，先天地生。寂兮寥兮，独立而不改，周行而不殆，可以为天地母。吾不知其名，字之曰道，强为之名曰大。大曰逝，逝曰远，远曰反。故道大，天大，地大，人（一作"王"）亦大。域中有四大，而人居其一焉。人法地，地法天，天法道，道法自然。
>
> ——《道德经》第二十五章

【注释】

混：浑。　　　　　寂寥（jì liáo）：寂静无声，空旷无形。
殆（dài）：怠（dài），松懈。　　大：广大无边，无边无际。
逝：行，渐渐远去。　　　　　　反：返，返还。

【译文】

　　有一个浑然而成的东西，在天地形成之前就存在了。它寂静无声、空旷无形，独立存在而不为所变，往复运行而不停息，可以用作天地间万物的出处。我不知道它的名字，勉强给它起个名字叫"道"，勉强称呼它"大"。"大"它运行不息、渐渐远去并达到遥远，达到遥远则又返回来了。所以说，道大、天大、地大、人也大。宇宙间有四大，而人居其中之一。人以地为法则，地以天为法则，天以"道"为法则，而"道"纯任自然，以它自己为法则。

② 自学要求

1. 看到"道"你会想到哪些？

2. 阅读材料一和材料二，思考什么是"道"，什么是"道法自然"。把你的依据画出来。

3. 反复朗读两段文言文，读准生僻字，读通句子。留意"注释"，了解文言文的大致意思。

4. 想想社会主义核心价值观里哪个词与"道法自然"联系比较密切。

3 教学设计

学习内容

文言文:《道德经》第四十二章、《道德经》第二十五章语段。

学习目标

1. 能读准、读通、读懂两段文言文。感受文言文的语言风格。积累相关金句。
2. 结合文言文内容,理解"道法自然"等中华优秀传统文化。
3. 结合社会主义核心价值观,理解"道法自然"与"自由"的关系,厘清自由的前提是自律,传承中华优秀传统文化。

教学重难点

教学重点:在梳理文言文内容的过程中,理解"道法自然"与"自由"的文化内核联系,厘清自由的前提是自律。

教学难点:读准、读通、读懂文言文的内容,感受文言文的语言风格。

教学时间

1课时。

教学过程

一、朗读感悟"国学"之韵,初步感知"道"的内涵

1. 自由发言,交流对"道"的已有见解,形成初步认识。
2. 观看视频,了解《道德经》以及老子。初探国学,激发学习激情。

二、阅读古文文本，建构认知，理解"道法自然"的核心思想

1. 朗读感悟文段一，提炼道的内涵：即"万物的本源，规律"。

2. 阅读感悟文段二，逐步理解"道法自然"的内涵。

学习建议：

（1）自由读：读准字音，感悟文韵。

①试着读一读，同学点评。

②全班齐读。教师提出朗读建议。

③听音频示范读，感受国学朗读韵味。

④模仿读，配乐。（从教师开始，传递话筒，单句个别读，双句齐读。）

（2）释意读：结合注释，逐句理解。

这个文段一共有几句？结合注释，逐句理解意思，不懂的可以随时提出，同桌交流。

（3）理解读：结合译文，理解文段。

①出释译文，配乐，师生合作读原文以及译文，理解整个文段大意。

②理解感悟：文段的核心词是？你如何理解？（道法自然——遵循自然规律）

3. 欣赏自然和谐之美视频《地球24小时》。

看到这些美好，你此时感触如何？（感悟遵循自然规律，能获得美好的体验，特别是身心自由舒畅的感觉。）

4. 感悟朗读：带着这种自由的感受再次朗读文段。

5. 总结：道法自然，和谐共处是最美的风景，但最打动人心的还是人们对美好自由的向往。因此，我们当今社会主义核心价值观里也有一个很重要的词就是——自由。

三、感悟自由的前提是自律

过渡：如果不遵循自然规律呢？你觉得会有怎样的情形出现？

1. 视频短片《保护地球刻不容缓》

谈观感：不遵循自然规律，人类连基本的生存都有问题，何来的前面最打动人心的自由？

2. 寓言故事《拔苗助长》，不遵循事物发展规律，只会适得其反。

3. 总结：因此，我们很笃定地明确了：不遵循自然规律就会失去自由，而自由的前提就是自律。

四、践行社会主义核心价值观，争做自由小天使

1．思辨小课堂：何为自由？（说自己心中的自由），写在学习单上。

小组研讨：若为自由故，人人自律行。（小组思维导图研讨）以小组长的为例，补充探讨。形成自然—自由—自律的行为思维导图。

2．21天"自由小天使"争章活动设计（个人活动设计）。

从上面自然—自由—自律的行为思维导图中选择一项目前最希望达到的自由，自己设定自由目标、自律计划、评价方法，通过21天打卡，体验自律后的自由带来的成长幸福感。

总结板书：

道法自然

自由自律

④ 课堂实录

（课前互动）

师：上课，同学们好！

生：老师好！

师：大家知道今天我们是上什么内容吗？

生：来之前不知道，现在大概知道了。

师：知道什么了？

生：是学"道"，因为屏幕上有显示课题。

师：同学们，看到这个"道"字，你想到了什么？

生：道理、道德、道路、道法课（笑）。

师：很正常，我们都有道法课呀。但这四个道的词语意思好像不同，你们都是怎么理解的？

生：道理不用讲了，道德是针对品行的，道路就是一条路。道法课也是针对品行的一门课程。

一、朗读感悟"国学"之韵，初步感知"道"的内涵

师：我觉得大家说得都对，因为我们中华文化源远流长，每个汉字都承载了各种不同的意义。今天我们就从国学的角度探讨这个"道"。我们先来看一段视频，这是我剪辑的，只代表我的认同和欣赏，同学们都要有自己的思考。

师：看完视频，谈谈你的感受，关于国学、《道德经》、老子都可以。

生：我感觉这个道很深奥，好像无处不在。

生：《道德经》我听说过，是我们古代一本特别有名的书。

生：我知道老子、孔子都是古代特别有名望的学者。

生：看了视频，我很想弄懂"道"到底是什么？感觉好神秘，我很好奇。

【教学意图】

　　通过听觉、视觉等直观感受，感知国学的魅力，激发学生对国学的敬仰和学习积极性。

二、阅读古文文本，建构认知，理解"道法自然"的核心思想

师：同学们看完视频后，对"道"的认识更深入了，还有些同学都开始对国学有所涉猎，说得很有见地，真的为你们点赞。那我们再回到这个"道"，它到底出自哪里？含义如何呢？我们一起走进文段一，揭开"道"的神秘面纱吧。

文段一：

> 道生一，一生二，二生三，三生万物。
>
> ——《道德经》第四十二章

师：齐读文段一，你怎么理解这句话？

生：道生发一，一生发二，以此类推，最后生发万物。

师：这个同学将字面意思解释得很到位呀。如果将这句话反过来理解，我们将得出怎样的结论？

生：万物是一步步生发的。

师：所以，道的本质含义是什么呢？万物是谁生发的？万物的本源是？

生：万物是由道而生发的，道就是万物的本源。

师：同学们理解力又有了新的突破，请带着这份觉知在学习单上恭敬地写下道的内涵。

（板书：万物的本源）

师：理解了道的内涵，我们再进一步深入理解文本。请自学文段二，有任何疑问可以求助同学和老师。出示学习方式建议（背景音乐自学）。

学习建议：

（1）自由读：读准字音，感悟文韵；

（2）释意读：结合注释，逐句理解；

（3）理解读：结合译文，理解文段。

文段二：

> 有物混成，先天地生。寂兮寥兮，独立而不改，周行而不殆，可以为天地母。吾不知其名，字之曰道，强为之名曰大。大曰逝，逝曰远，远曰反。故道大，天大，地大，人（一作"王"）亦大。域中有四大，而人居其一焉。人法地，地法天，天法道，道法自然。
>
> ——《道德经》第二十五章

【注释】

混：浑。

殆（dài）：怠（dài），松懈。

逝：行，渐渐远去。

寂寥（jì liáo）：寂静无声，空旷无形。

大：广大无边，无边无际。

反：返，返还。

自由读：

师：谁试着读一读？请一位同学点评。

生：我觉得她读得很流利，但似乎缺少了一点古文的感觉。

师：那老师请全班齐读一次，老师听完大家的齐读，也提一点建议可以吗？

师：我觉得第一次齐读，能读出这种感觉还不错。但老师建议我们一起来听听音频示范读，感受一下国学朗读韵味。

师：最后，我们一起来模仿朗读。（配乐）（从教师开始，传递话筒，单句个别读，双句齐读）这次朗读你的感受是？

生：原来古文可以这样读，我好像领悟了一点，感觉挺有趣的。

师：国学国韵其实真的特别美好，大家以后多去感受。

释意读：

师：这个文段一共有几句？请你结合注释，逐句理解意思，不懂的可以随时提出，同桌交流。

生：一共七句，意思我基本能懂。因为有注释。

师：好，理解能力真强。那我们再来配乐感受一下古今对照朗读。男生读原文一句，女生读译文一句好吗？音乐起。读完你的感受是？

生：理解了意思后，读起来更能感受音韵了，不用想意思，感觉配乐好美。

师：这是老师精心挑选的国风音乐哦。哈哈。

理解读：

师：那你认为文段中的核心词是哪个？为什么？

生：核心词是"道法自然"，因为自然才是一切的根源。

师：很佩服同学们的理解力和觉知力，真的太优秀，请你带着这份力量郑重写下这个词：道法自然。

师：你对道法自然的理解是？

生：遵循自然规律。（板书：自然）

师：古往今来，无数名家都对"道法自然"有同样的认识。让我们一起在国韵中体味道法自然的美好。（师生共读）

庄子："天地者，万物之父母。"

孔子：大道无言，自然之道，吾辈需深深体悟。

天行健，君子以自强不息。自然无息，人应效法天地。

梁启超：怎样才能看得出自然之美，最要紧是观察自然之真。能观察自然之真，不惟美术出来，连科学也出来了。

【教学意图】

通过充分朗读，结合释意、感悟，体会古文学习基本方法，体悟出"道法自然"的核心意义。

师：遵循自然规律，将会是一个怎样的世界呢？我们一起欣赏《地球24小时》。

师：在如此美好的大自然中，你此时的感受是？你会感觉到？

生：我们会感受到身心无比舒畅，很想自由地飞翔在这天地合一的美好自然之中。

（师生互动）

师：遵循自然规律，花儿们才能——（生：自由绽放）；师：鱼儿们才能——（生：自由游泳）；师：鸟儿们才能——（生：自由翱翔）；我们才能——（生：自由地呼吸，健康地成长）。（板书：自由）

师：原来，遵循自然规律会有这么美好的体验，其中我想最打动人心的就是身心的自由翱翔。让我们带着这份自由的美好再次朗读文段。让文段跟着我们一起自由地呼吸，健康地成长。（配乐齐读）

师总结：道法自然，和谐共处是最美的风景，但最打动人心的还是人们对美好自由的向往。因此，我们当今社会主义核心价值观里也有一个很重要的词就是——

生齐说："自由"。（展示社会主义核心价值观图片）

【教学意图】

通过视频冲击，直观感受遵循自然规律的美好世界，让我们有自由驰骋的向往，古往今来无数大学问家的理解也都是如此。传承到当今就是社会主义核心价值观里的"自由"。

三、感悟自由的前提是自律

师：（过渡）如果不遵循自然规律呢？你觉得会有怎样的情形出现？（视频短片《保护地球刻不容缓》）

生：不遵循自然规律，人类连基本的生存都有问题。

生：不遵循自然规律，我们将面临环境危机。

生：不遵循自然规律，我们的地球可能真的会爆炸。（哈哈笑）

师：是呀，不遵循自然规律，人类自身难保，何来的前面最打动人心的自由？

寓言故事《拔苗助长》都知道吧？小故事大道理：不遵循事物发展规律，只会适得其反。

师：（总结）因此，我们很笃定地明确了：不遵循自然规律就会失去自由，而自由的前提首先是要自——？

生：自律。（板书：自律）

师：是的。自然—自由—自律，三者相辅相成，弄清三者的关系才能真正获得自由。

【教学意图】

利用强烈对比，感受没有克制的自由造成的破坏恶果，以及耳熟能详的寓言故事中告知的大道理，悟出自由的前提是自律。

四、践行社会主义核心价值观，争做自由小天使

师：那何为自由？大家都说说自己心中的自由。

生：自由就是无拘无束。

生：自由就是想做啥就做啥。

生：看了板书，我觉得自由就是在自律的前提下才能无拘无束的，不能没有规矩。

师：好，说得好，那你最向往的自由是哪些？请在学习单上写下来，越具体越好。

生：我最希望学习自由，我可以自由选择我的培训班。

生：我最希望手机自由，因为我觉得我可以管控好我手机的使用，但我妈不相信。

生：我最希望作业自由，选择我喜欢的作业来做。

师：哈哈，看来大家的自由很现实呀。但若为（自由）故，我们就得人人（　　）行？

生：自律行。

师：是呀，若为自由故，人人自律行。请以小组为单位，合作研讨一份思维导图，组长负责组织，安排一位记录，大家畅所欲言。选择其中一位同学罗列的"自由"，小组探讨：要想达到这样的自由，需要怎样的自律？

师：请一组上台分享小组思维导图。大家评价。

回家后，可以把自己想要的自由以及如何达到需要的自律都写下来，完成自己的思维导图。

师：写思维导图，其实不难。真正难的是"做到"。最后，我请大家从你的"自由导图"中选择一项你最希望达成的自由，设计一份"自由小天使"争章活动计划。把自由目标、自律行动以及自我评价都设计好，然后开展21天实践活动。

师：同学们，真正的自由一定是经过自己努力自律才能达到的。大家加油，21天后，我们一起见证你的自律带给你的自由美好哦。

【教学意图】

通过小组合作思维导图设计，以及课后延展争章活动，让学生把道法自然—自由—自律的关系，从课堂联系到了课外，和个人的生活学习自然链接，真正让国学作用于学生的每一个学习生活的当下。

【板书设计】

道法自然

道

自由自律

学习单设计：

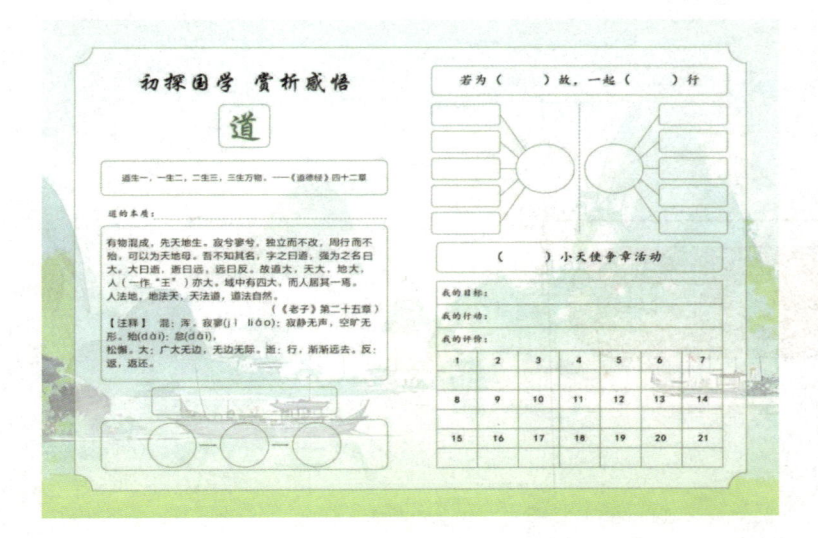

第六课

有容乃大

寂 容 容 宵 宵 容
言 容 宕 宕 容

【容】

容，盛（chéng）也。
本义是盛放、容纳。

1 学习内容

材料一：2000多年前一段极具争议的中国式友谊

春秋时期，齐国的管仲和鲍叔牙是一对好朋友，但在常人看来，管仲总有这样那样的不足。

年轻时，管仲和鲍叔牙一起做生意，赚了钱管仲却总是要多拿一份。对此，鲍叔牙不仅不生气，反而说："管仲并非贪小便宜，而是因为家里穷，多拿一些有何不可？"

管仲三次做官都被罢免，鲍叔牙不认为他没有真才实学，而是知道他没有遇到好的时机。管仲三次参战三次逃跑，鲍叔牙不认为他贪生怕死，而是知道他家中有母亲需要照顾。鲍叔牙对管仲了解得非常深透。

后来齐国发生内乱，管鲍两人各为其主，鲍叔牙的主公胜利，他成了有功之臣，管仲则成为阶下囚。鲍叔牙为管仲说情免他死罪，还推荐他担任相国，自己则甘居其下。管仲十分感动，说："生我的人是父母，了解我的人是鲍叔牙啊！"

从此以后，他们结成生死之交。当时的齐桓公（公子小白）也没有因为管仲曾经辅佐他的政敌（公子纠）而弃管仲不用，反而任命管仲为宰相，因而成就霸业！

鲍叔牙和齐桓公对管仲的包容，成就了管仲，成就了齐桓公的霸业，也成就了鲍叔牙知人、包容的美好名声。

> 尔无忿（fèn）疾于顽。无求备于一夫。必有忍，其乃有济。有容，德乃大。
>
> ——《尚书·君陈》

【注释】

尔：你。　　忿：愤恨。　　顽：冥顽不化的人。

备：求全责备。　　济：补益。

【译文】

对于冥顽不化的人，你不要愤然忌恨，因为对一个人不能求全责备，要求他尽善尽美。要懂得忍耐，就会有补益。宽容，德行才算伟大。

材料二：300年前的一桩邻里纠纷

清朝时，宰相张廷玉与一位姓叶的侍郎都是安徽桐城人。两家毗邻而居，都要起房造屋，为争地皮，发生了争执。张老夫人便修书北京，要张宰相出面干预。张廷玉看罢来信，立即作诗劝慰老夫人："千里家书只为墙，再让三尺又何妨？万里长城今犹在，不见当年秦始皇。"张母见书明理，立即把墙主动退后三尺。叶家见此情景，深感惭愧，也立刻把墙让后三尺。这样，张叶两家的院墙之间构成了六尺宽的巷道，成了有名的"六尺巷"。

> 子夏之门人问交于子张。子张曰："子夏云何？"对曰："子夏曰：'可者与之，其不可者拒之。'"子张曰："异乎吾所闻：君子尊贤而容众，嘉善而矜不能。我之大贤与，于人何所不容？我之不贤与，人将拒我，如之何其拒人也？"
>
> ——《论语·子张》

【注释】

交：交往。　　可：可以。　　尊：尊敬。　　众：普通人。
嘉：鼓励，夸奖。　　矜：可怜。　　拒：拒绝。

【译文】

> 子夏的学生向子张请教怎样与人交朋友。子张问："子夏是怎样说的？"回答说："子夏说：'可以交往的就交往、不可以交往的就加以拒绝。'"子张说："那不同于我所听到的：君子尊重贤人，也容纳普通的人；嘉奖好人，也同情能力差的人。如果我自己很好，什么人不能容纳呢？如果我自己不好，别人将拒绝和我交往，我又怎么谈得上去拒绝别人呢？"

材料三：一座从渔村到国际都市之城——深圳

40多年前，波澜壮阔的改革开放潮起南粤大地，40多年后，改革开放让中国发生了翻天覆地的变化，全世界为之赞叹。深圳作为改革开放的窗口和试验田，伴随时代的浪潮，从一个"小渔村"一跃成为现代化国际大都市，成为中国改革开放的一张名片。

一词一句一古文

　　深圳的人文精神到底是什么？郑永年谈到，与其他历史悠久的一线城市不同，深圳从一个边陲小镇发展到一座人口超2000万的大都市，只用了几十年的时间，这种高速发展得益于深圳独特的城市文明。在他的眼中，深圳人文精神的内核是包容、开放和创新。"海纳百川的精神铸就了深圳的灵魂。"他说道。

　　来自五湖四海的人汇聚在深圳，成为深圳人。"深圳是一个包容性的城市，它是一个移民城市。"郑永年说，"深圳的涵养体现在它包容所有的文化。我认为，'海纳百川，有容乃大'是深圳文化的本质性。"

　　深圳位于广东岭南地区，传统上受到岭南文化的影响，岭南文化本身就具有独特的多元、务实、开放、兼容、创新等特点。与此同时，来自全国各地的人才都汇聚于此，带来了不同的文化，"我们看到深圳充满多元的文化，不同地方的人不仅带来了不同食品文化，而且保持了不同的思维。各种'次文化'在这里互相冲突碰撞，所以深圳的生命力特别强。"

　　郑永年强调，包容能够提升城市竞争力。"如果一个城市没有能力容纳和吸收外来人口、包容不同的文化，这个城市的生产要素就只能流失不能流入。"中国各地的人才都来到深圳创新创业，诞生了不畏艰难、勇于创新的精神。因此，深圳的科技创新能力特别强，被誉为中国的硅谷。

——《文化深圳》2022年第9期

> 海纳百川，有容乃大；
> 壁立千仞，无欲则刚。
>
> ——〔清〕林则徐

【注释】

　　纳：容纳，包容。　壁立：峭壁陡立，形容岩石高耸。

【译文】

　　大海可以容纳千百条河流，因为它这样广阔的胸怀所以是世间最伟大的。悬崖绝壁能够直立千丈，是因为它没有过分的欲望，不向其他地方倾倒。

② 自学要求

1. 想想用"容"字能组哪些词，请写在横线上。

_____

2. 阅读三则材料，思考什么是"容"？把你的依据画出来。

3. 反复诵读三则材料，读准生僻字，读通句子。留意"注释"和"译文"，了解文言文的大致意思。

4. 回顾小学六年生活，你和同学有过小矛盾、小误会吗？有没有宽容大度的榜样同学，令你至今印象深刻？

实践单：

21天"有容乃大"真君子挑战任务
（你好，闪闪发光的自己）

1.	礼貌问候：	以微笑和礼貌的语言向老师和同学问好。
2.	耐心倾听：	在课堂讨论中，尊重并积极回应每位同学的观点。当遇到和同学有分歧时，能耐心倾听。
3.	同学交往：	主动邀请不同兴趣爱好的同学一起玩耍。
4.	冷静思考：	与同学发生争执时，冷静分析问题，提出建设性解决方案。
5.	真诚赞美：	发现并赞美一位平时较少关注的同学的优点。
6.	包容理解：	面对同学的失误或错误，给予理解和鼓励而非指责。
7.	主动奉献：	主动帮助需要协助的同学和班级，完成力所能及的工作。
8.	善待家人：	和颜悦色地和家人交谈，遇到分歧时，倾听他们的想法。
9.	及时反思：	对于师长、同学的批评或提醒，接受并积极改正，不抱怨或抵触，反思自己的行为。
10.	真诚沟通：	对于自己曾经误解或伤害过的人，诚恳道歉并寻求和解。

21天"有容

起始时间：	年 月 日		
第一阶段：1—7天为改变期		这个阶段你必须不时提醒自己注意改变，	
1	2	3	4
日期：	日期：	日期：	日期：
我们的目标开始了	完美的一天，再接再厉	我们离目标更迈进了一步	做对的事情，比把事情做对重要
第二阶段：8—14天为要求期		经过一周的刻意改变，但你不可大意，一不留神，	
8	9	10	11
日期：	日期：	日期：	日期：
人之所以能，是相信能	每天告诉自己一次，"我真的很不错"	凡事要三思，但比三思更重要的是三思而"行"	离目标还有一半啦
第三阶段：15—21天为稳定期		会使新习惯成为你工作的一部分。	
15	16	17	18
日期：	日期：	日期：	日期：
我们成功因为我志在成功	欲望以提升热忱，毅力以磨平高山	你可以选择的"三心"：信心、恒心、决心	只有你爬到山顶了，这座山才会支撑着你

备注：每天对照着挑战任务，做到几项，获几分，填入表格中，请监督人打√。

君子挑战赛

	阶段时间： 年 月 日	

并刻意要求自己。因为你一不留意，你的坏情绪、坏毛病就会浮出水面，让你又回到从前。

5	6	7
日期：	日期：	日期：
没有天生的习惯，只有不断培养的习惯	拥有梦想只是一种智力，实现梦想才是一种能力	已经完成目标的1/3了

你的坏习惯、坏毛病还会再来破坏你，让你回到从前。所以，你还要提醒自己，要求自己。

12	13	14
日期：	日期：	日期：
明天的希望，让我们忘了今天的痛苦。	只要路是对的，就不怕路远	还剩目标的1/3了

在这个阶段，你已经不必刻意要求自己，它已经像你抬手看表一样的自然了。

19	20	21
日期：	日期：	日期：
只要我们能梦想的，我们就能实现	还剩一天，我们要坚持！	终于目标完成！

请每天坚持！每天如实记录日常的行为哦，争当"有容乃大"真君子！

3 教学设计

学习内容

文言文:《尚书·君陈》《论语·子张》语段,林则徐的名言。

学习目标

1. 能读准、读通、读懂三段文言文。感受文言文的语言风格。背诵相关金句。
2. 结合文言文内容,理解"有容乃大"的中华优秀传统文化。
3. 联系生活实际,培育和践行社会主义核心价值观——"平等"。

教学重难点

教学重点:在梳理文言文内容的过程中,理解"有容乃大"的文化内核。

教学难点:读准、读通、读懂文言文的内容,感受文言文的语言风格。

教学时间

1课时。

教学过程

一、创设情境——"学校文明交往小讲师"招募令

师:同学们,"学校文明交往小主人"宣讲活动正如火如荼地进行着。老师现在教一年级,遇到很多烦恼,下课孩子们特喜欢来告状:"谁谁谁碰到我的书包""谁谁谁跳绳甩到我"……我们计划,下个月一年级开展

"文明交往小主人"宣讲，现需要从六年级招募一批包容大度、宽容大量的"文明讲师"，给一年级小朋友作榜样示范。

二、宽容之心，我来测——测测你的气量有多大

（一）游戏规则：如果你的答案是"是"，不需要吹气球；如果答案为"不是"，就吹一口气球。请拿起气球，认真听题。

1. 听到有人讲你坏话时，很难做到一笑了之。
2. 和别人争吵后常常越想越气。
3. 我讨厌和沉默寡言的人做同桌。
4. 我不愿意和以前发生过不愉快的同学一起合作。
5. 总觉得老师批评我是对我有成见。
6. 别人说话刺伤了你，一定会"回敬"对方几句。
7. 当我表现优秀得不到别人赞赏时，我会大发雷霆。
8. 别人不自觉的过失，我总是无法原谅。
9. 有的人笨头笨脑反应迟钝，真让人窝火。
10. 觉得"人不犯我，我不犯人；人若犯我，我必犯人"。

（二）学生分享感受：

1. 比一比谁的气球大，谁的气量大。
2. 根据自己的气球大小，说说遇到这些问题，你是怎么想的。
3. 小结：通过同学们分享，我知道有的同学宽容度很高，能换位思考，善于理解别人，积极乐观地面对问题；有的同学还需要继续修炼。

三、字源探究，激活认知

1. 画说汉字，提炼"容"本意是"盛放"，"包容"。
2. 你可以用"容"组词吗？

包容、宽容、容许、容貌、容纳、容忍、容量、容光焕发、容身之地、容颜易老、容易、仪容、容态、容让、兼容、阵容……

3. 过渡：古人云：君子量不极，胸吞百川流。可见包容、宽容是一种修养，是一种品质。下面，我们来读读这几个故事。

四、阅读文本，建构认知

1. 阅读《2000多年前一段极具争议的中国式友谊》故事。
（1）从材料一《2000多年前一段极具争议的中国式友谊》中，懂得了什么是"包容"？你的依据是什么？
2. 阅读《尚书·君陈》语段。
（1）容这个字，最早出现在《尚书》，原句是怎么说的？

> 尔无忿（fèn）疾于顽。无求备于一夫。必有忍，其乃有济。有容，德乃大。
>
> ——《尚书·君陈》

（2）读准、读通、读懂，结合文本背后的故事，理解"容"与"德"的关系。
（3）同时积累金句，学生齐读——有容，德乃大。
（4）中国文化流传至今，中国智慧凝结为一个成语——"有容乃大"！
（5）正如林则徐所说，学生齐读：

> 海纳百川，有容乃大；壁立千仞，无欲则刚。
>
> ——〔清〕林则徐

3. 阅读《300年前的一桩邻里纠纷》故事。
（1）课件出示：六尺巷图，诗句"千里家书只为墙，再让三尺又何妨？万里长城今犹在，不见当年秦始皇"。
（2）是什么让两家人重归于好？你觉得什么是"容"？你的依据是什么（可用文本原句说明）？
4. 阅读《论语·子张》选文。

> 子夏之门人问交于子张。子张曰："子夏云何？"对曰："子夏曰：'可者与之，其不可者拒之。'"子张曰："异乎吾所闻：君子尊贤而容众，嘉善而矜不能。我之大贤与，于人何所不容？我之不贤与，人将拒我，如之何其拒人也？"
>
> ——《论语·子张》

读准、读通、读懂，结合文本背后的故事，理解"容"含义。

同时积累金句：君子尊贤而容众，嘉善而矜不能。

（1）说到与人交往，2000多年前的子张和子夏的交友之道是不一样的。子张所说的"容"装的是什么？

（2）学生读子夏的话，老师提问：谁能说说子夏的话的意思？

（3）学生读子张的话，老师提问：谁能说说子张的话的意思？

（4）积累金句：君子尊贤而容众，嘉善而矜不能。

5．包容是一种人格魅力，是人际交往的"催化剂"，更是一座城市高速发展的"助推器"。深圳，一直以来被誉为70个大中城市里面最自由和包容的城市。来了就是深圳人，人人都是深圳人，都有一个同样的目的地。

（1）学生观看视频《来了就是深圳人》。

（2）如果用一个词形容我们生活的城市——深圳，你会用哪个词语？

（3）深圳这座城市随处可见的社会主义核心价值观，深入人心，你觉得对应哪个词？顺势亮出社会主义核心价值观——平等。

五、联系现实，践行真知

1．体验营：有容乃大是一种人品修养，散发人格的魅力。回顾小学六年生活，你们有过小矛盾、小误会吗？有没有宽容大度的榜样同学，令人印象深刻。请为同学写一张夸夸卡，为他/她"有容乃大"的包容心、平等心点赞！

2．学生写卡，分享内容，互赠卡片。

3．小结：同学们，生活中难免因为不小心或无意发生不可避免的矛盾，如果我们都能用淡淡的微笑化解，站在他人的角度换位思考，大气大度不计较，心平气和懂忍让，相信你们是快乐幸福的。

4．回归黑板，圈出所有的词语，从而凝练中华五千年的文化"容"字。有容，仅仅是德乃大？

5．学生讨论：有容，_____乃大。（家、深圳、中国、世界、格局、视野、胸怀、发展、品行……）

6．总结：有容乃大的思想，已在中华文明历史长河中缓缓流淌了几千年，一个"容"字，体现中华传统文化的博大精深和源远流长。这真是一字一世界，一字一乾坤。

7．结束语："文明交往小讲师"的选拔，还有最后一关——"有容乃大"真君子21天挑战。期待同学们顺利通过考验，成为名副其实的"文明交往小讲师"！

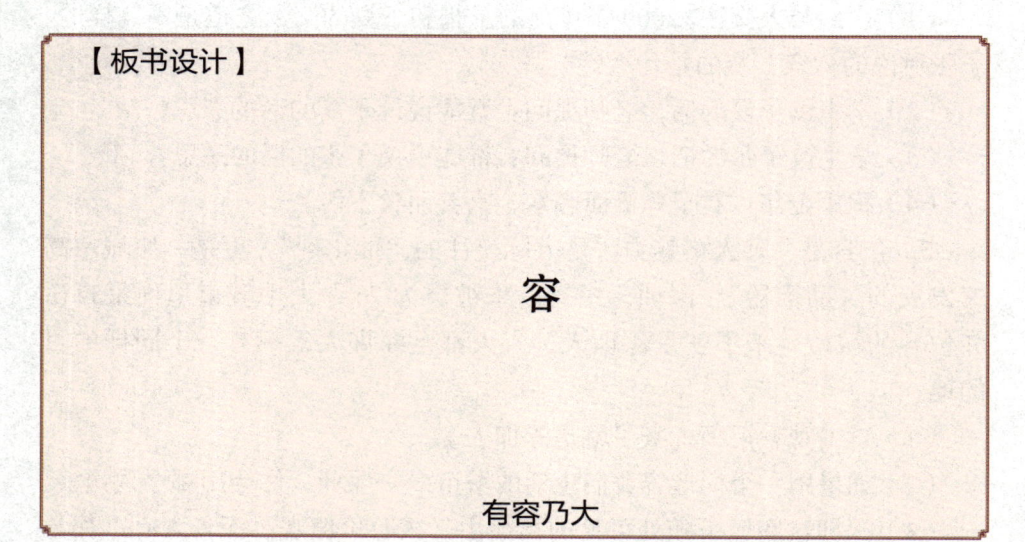

【板书设计】

容

有容乃大

④ 课堂实录

一、创设情境——"学校文明交往小讲师"招募令

师：同学们，上课！

生：起立，老师您好！

师：同学们好，请坐。三年前，我来咱们3班上过课，很幸运，在小学毕业前咱们能在课堂上再一次相遇。其实今天我是带着任务来的，今年老师在一年级遇到了很多烦恼，下课孩子们特喜欢告状："小涵碰到我的书包""小宇跳绳甩到我"……我们计划，从六年级招募一批包容大度的"文明讲师"，给一年级小朋友作榜样示范。

【教学意图】

　　课堂教学从校园真实情境出发，让学生快速进入角色，充分发挥大哥哥、大姐姐的榜样力量，激发学生探究欲望和阅读兴趣。

二、宽容之心，我来测——测测你的气量有多大

师：怎么选拔"文明讲师"呢？我们先来玩个小游戏。现在请同学们拿出你手中的气球，老师会问几个问题，请同学们认真听题，如实回答。如果回答"是"，就不吹气球；如果回答"不是"，就轻轻地吹一口气球。

第一，和别人争吵后常常越想越气。

第二，听到有人讲你坏话时，很难做到一笑了之。

第三，我不愿意和以前发生过不愉快的同学一起合作。

第四，别人说话刺伤了你，一定会"回敬"对方几句。

第五，觉得"人不犯我，我不犯人；人若犯我，我必犯人"。

经过一番游戏，咱们手中的气球的样态已截然不同。大家可以跟同学比一比谁的气球大，谁的气量大。老师看到你的气球特别大，请跟我们说说遇到这些问题你是怎么想的。

生：在我们的生活中可能会有一些不开心的事情，所以说，我们不要去想他的问题，可以多想想让自己开心的话题。

师：你的分享给了我们新的思考。通过同学们分享，我知道有的同学宽容度很高，能换位思考，善于理解别人，积极乐观地面对问题；有的同学还需要继续修炼。

【教学意图】

通过有趣的宽容气量测试游戏，让学生亲身体验，学生对"容"的已有理解，学习从"散漫"开始，为后面逐步走向"惊人"作铺垫。气球是有形的容器，气量是无形的容器，以有形观无形，透过外显行为看内在品行，为下一步学习"容"字搭建理解支架。

三、字源探究，激活认知

师：俗话说得好，宰相肚里能撑船。一想到这句话，我脑海中浮现了这样一个字。谁来说说你的理解？

生："容"有"宽容"的意思。

师："容"在甲骨文中的含义是洞穴中有物品，"容"有盛放与容纳之意。气球是有形的容器，而气量是无形的容器。那你们能用"容"组哪些词呢？请同学们上台写一写。

生：容纳。

师：请你上去写。

生：容忍。

师：请你上去写。

生：有容乃大。

师：请你上去写。

生：容积。

师：厉害了，同学们！写了满满的一黑板。古人云：君子量不极，胸吞百川流。可见包容、宽容是一种修养，是一种品质。今天老师也带来几篇关于"容"的故事。

【教学意图】

通过"字源探究"和组词，调动出学生对"容"的已有理解，为后续学生读故事、学古文后产生深度的理解作铺垫。

四、阅读文本，建构认知

师：为了更好地理解，老师给大家提供了"学习文言文的三部曲"，我们一起来看看。

1. 借助注释，略读课文。
2. 上下揣测，详读课文。

遵循"字不离句"的原则，理解、体会字词句含义。

3. 深入领会，感悟课文。

学习文言文要注重朗读、背诵，培养语言感悟能力。

阅读材料一、材料二、材料三，思考：什么是"容"？作批注，并把你的依据画出来。

> 学生独自阅读以下材料

材料一：2000多年前一段极具争议的中国式友谊

春秋时期，齐国的管仲和鲍叔牙是一对好朋友，但在常人看来，管仲总有这样那样的不足。

年轻时，管仲和鲍叔牙一起做生意，赚了钱管仲却总是要多拿一份。对此，鲍叔牙不仅不生气，反而说："管仲并非贪小便宜，而是因为家里穷，多拿一些有何不可？"

管仲三次做官都被罢免，鲍叔牙不认为他没有真才实学，而是知道他没有遇到好的时机。管仲三次参战三次逃跑，鲍叔牙不认为他贪生怕死，而是知道他家中有母亲需要照顾。鲍叔牙对管仲了解得非常深透。

后来齐国发生内乱，管鲍两人各为其主，鲍叔牙的主公胜利，他成了有功之臣，管仲则成为阶下囚。鲍叔牙为管仲说情免他死罪，还推荐他担任相国，自己则甘居其下。管仲十分感动，说："生我的人是父母，了解我的人是鲍叔牙啊！"

从此以后，他们结成生死之交。当时的齐桓公（公子小白）也没有因为管仲曾经辅佐他的政敌（公子纠）而弃管仲不用，反而任命管仲为宰相，因而成就霸业！

鲍叔牙和齐桓公对管仲的包容，成就了管仲，成就了齐桓公的霸业，也成就了鲍叔牙知人、包容的美好名声。

> 尔无忿（fèn）疾于顽。无求备于一夫。必有忍，其乃有济。有容，德乃大。
>
> ——《尚书·君陈》

【注释】

尔：你。　　忿：愤恨。　　顽：冥顽不化的人。

备：求全责备。　　济：补益。

【译文】

对于冥顽不化的人，你不要愤然忌恨，因为对一个人不能求全责备，要求他尽善尽美。要懂得忍耐，就会有补益。宽容，德行才算伟大。

◎ 材料二：300年前的一桩邻里纠纷

清朝时，宰相张廷玉与一位姓叶的侍郎都是安徽桐城人。两家毗邻而居，都要起房造屋，为争地皮，发生了争执。张老夫人便修书北京，要张宰相出面干预。张廷玉看罢来信，立即作诗劝慰老夫人："千里家书只为墙，再让三尺又何妨？万里长城今犹在，不见当年秦始皇。"张母见书明理，立即把墙主动退后三尺。叶家见此情景，深感惭愧，也立刻把墙让后三尺。这样，张叶两家的院墙之间构成了六尺宽的巷道，成了有名的"六尺巷"。

> 子夏之门人问交于子张。子张曰："子夏云何？"对曰："子夏曰：'可者与之，其不可者拒之。'"子张曰："异乎吾所闻：君子尊贤而容众，嘉善而矜不能。我之大贤与，于人何所不容？我之不贤与，人将拒我，如之何其拒人也？"
>
> ——《论语·子张》

【注释】

交：交往。　　可：可以。　　尊：尊敬。　　众：普通人。

嘉：鼓励，夸奖。　　矜：可怜。　　拒：拒绝。

【译文】

子夏的学生向子张请教怎样与人交朋友。子张问:"子夏是怎样说的?"回答说:"子夏说:'可以交往的就交往、不可以交往的就加以拒绝。'"子张说:"那不同于我所听到的:君子尊重贤人,也容纳普通的人;嘉奖好人,也同情能力差的人。如果我自己很好,什么人不能容纳呢?如果我自己不好,别人将拒绝和我交往,我又怎么谈得上去拒绝别人呢?"

▶ 材料三:一座从渔村到国际都市之城——深圳

40多年前,波澜壮阔的改革开放潮起南粤大地,40多年后,改革开放让中国发生了翻天覆地的变化,全世界为之赞叹。深圳作为改革开放的窗口和试验田,伴随时代的浪潮,从一个"小渔村"一跃成为现代化国际大都市,成为中国改革开放的一张名片。

深圳的人文精神到底是什么?郑永年谈到,与其他历史悠久的一线城市不同,深圳从一个边陲小镇发展到一座人口超2000万的大都市,只用了几十年的时间,这种高速发展得益于深圳独特的城市文明。在他的眼中,深圳人文精神的内核是包容、开放和创新。"海纳百川的精神铸就了深圳的灵魂。"他说道。

来自五湖四海的人汇聚在深圳,成为深圳人。"深圳是一个包容性的城市,它是一个移民城市。"郑永年说,"深圳的涵养体现在它包容所有的文化。我认为,'海纳百川,有容乃大'是深圳文化的本质性。"

深圳位于广东岭南地区,传统上受到岭南文化的影响,岭南文化本身就具有独特的多元、务实、开放、兼容、创新等特点。与此同时,来自全国各地的人才都汇聚于此,带来了不同的文化,"我们看到深圳充满多元的文化,不同地方的人不仅带来了不同食品文化,而且保持了不同的思维。各种'次文化'在这里互相冲突碰撞,所以深圳的生命力特别强。"

郑永年强调,包容能够提升城市竞争力。"如果一个城市没有能力容纳和吸收外来人口、包容不同的文化,这个城市的生产要素就只能流失不能流入。"中国各地的人才都来到深圳创新创业,诞生了不畏艰难、勇于创新的精神。因此,深圳的科技创新能力特别强,被誉为中国的硅谷。

——《文化深圳》2022年第9期

> 海纳百川，有容乃大；
> 壁立千仞，无欲则刚。
>
> ——〔清〕林则徐

【注释】

纳：容纳，包容。　　壁立：峭壁陡立，形容岩石高耸。

【译文】

大海可以容纳千百条河流，因为它这样广阔的胸怀所以是世间最伟大的。悬崖绝壁能够直立千丈，是因为它没有过分的欲望，不向其他地方倾倒。

师：都读完了吧。什么是容？请把文中的依据读给大家听。同学们可以按这样的句式来交流（屏显：我认为"容"是 ＿＿＿＿＿＿＿ 。我是从 ＿＿＿＿＿ 读出来的），其他同学边听边修正自己的看法。我们先看材料一。

生：我认为"容"是包容、宽容。第二自然段说，管仲和鲍叔牙年轻时一起做生意赚了钱，管仲却总是要多拿一份。对此，鲍叔牙不仅不生气，反而说管仲并非贪小便宜，而是因为家里穷多拿一些有何不可。因为鲍叔牙知道管仲的情况，所以包容管仲，总让他多拿一份钱。

师：朋友就是能够包容你的一切行为的人，并且能够给予适当的帮助。还有没有同学想分享？

生：我也觉得"容"是宽容、包容，我是从第三自然段，管仲三次做官都被罢免，鲍叔牙不觉得他没有真才实学，而是知道他没有遇到好的时机。管仲三次参战三次逃跑，鲍叔牙不认为他贪生怕死，而是知道他家中有母亲需要照顾。鲍叔牙对管仲了解得非常深透，鲍叔牙作为管仲的朋友，他对管仲非常了解。

师：我们常说："有友如此，夫复何求。"朋友之间的友谊真是珍贵。

师："容"这个字，最早出现在《尚书》，原句是怎么说的？

生（齐读）：有容，德乃大。

师：根据材料，如何做到有容呢？

生：容的基本意思就是在一个人对你不利的时候，你还可以往好的方面去看，可以宽容他做得不对的行为，去原谅他。但是这种情况呢应该是要有一个限度的，一味地去宽容别人，不然会让人得寸进尺。

师：你的思考非常有深度，就如文中所说的容的第一层含义。同学们读。

生（齐读）：尔无忿（fèn）疾于顽。

师：你是怎么理解的？

生：对于冥顽不化的人，你不要愤然忌恨。

师：尔无忿（fèn）疾于顽。这便是……

生（齐读）：有容，则乃大。

师：根据材料，还可以怎样有容呢？

生：无求备于一夫。

师：你是怎么理解的？

生：我认为这一句话应该是不需要他怎么做都会做，因为所有人都必然会有缺点，你需要包容别人的缺点。

师：我特别欣赏你能够结合自己的经验理解这句话，让我们一起来读。

生（齐读）：无求备于一夫。

师：这便是……

生（齐读）：有容，则乃大。

师：根据材料，还可以怎样有容呢？

生：必有忍，其乃有济。

师：能说说你的理解吗？

生：我觉得就是遇到一些事情我们要忍耐，不能什么事情都要求十分完美，所以需要一些忍耐。

师：包容之心应融入我们生活中的点点滴滴，我们一起来读。必有忍，其乃有济。这便是……

生（齐读）：有容，则乃大。

师：中国文化博大精深，"有容，德乃大"凝结成现代成语是？

生：有容乃大。（顺势写板书）

师：正如林则徐所说……

生（齐读）：海纳百川，有容乃大。

师：千里家书只为墙，再让三尺又何妨？材料二中300年前的邻里纠纷有关六尺巷的故事为人津津乐道。通过这则材料，你觉得什么是"容"？你的依据是什么？

师：说到与人交往，2000多年前在《论语·子张》中也有提及。大家看到选文，这里出现了几个人？

生：三个。

师：他们分别是？

生：子夏的门人，子夏，子张。

师：我想问"子夏的门人"怎么理解？

生：子夏的学生。

师：对于朋友间的交往，子夏是怎么认为的？

生：可者与之，其不可者拒之。

师：让我们一起来读一读子夏的交友观点，可者与之……

生（齐读）：可者与之，其不可者拒之。

师：对于这句话，你是怎么理解的？

生：可以交往的就交往、不可以交往的就加以拒绝。

师：对于朋友间的交往，子张是怎么认为的？

生：君子尊贤而容众，嘉善而矜不能。

师：对于这句话，你是怎么理解的？

生：君子尊重贤人，也容纳普通的人；嘉奖好人，也同情能力差的人。

师：圣贤者他们都有着自己的一番见解，我们怎么做到子张所说的"尊贤而容众，嘉善而矜不能"呢？文中又是怎么说的？

生：我之大贤与，于人何所不容？我之不贤与，人将拒我，如之何其拒人也？

师：找得非常准确，对于这句话你有怎样的理解呢？或者你在生活当中有怎样的感悟呢？

生：如果我自己很好，什么人不能容纳呢？如果我自己不好，别人拒绝和我交往，我又怎么谈得上拒绝别人呢？

师：我相信你一定做了充分的预习，所以有了这么独到的见解。谁能来说说对于这句话，你能否结合你的生活经验来谈一谈？或者谁还有其他的关于这个话题的感悟？可以跟我们分享一下吗？

生：能力就是说德高望重，能力比别人大的人，为什么就不能容忍那些能力比他小的人所做的错事呢？无知者无畏，无知者是没有错的。然后如果我不好，没有人去帮忙。然后那个人又怎么能拒绝别人呢？

师：你在生活中一定是一个特别厉害的思考者。与朋友交往我们要包容，邻里的相处也需要包容。一直以来，深圳被誉为70个大中城市里面最自由和包容的城市。"来了就是深圳人"这一标语让无数外来人口对这片土地有了归属感，因此扎根深圳。请同学们观看视频《来了就是深圳人》。

（生观看视频）

师：深圳这座城市随处可见的社会主义核心价值观，如果要你用这里的一个词形容我们生活的城市——深圳，你会用哪个词语？

生：平等。

师：在深圳人人平等，这就是包容。

【教学意图】

三则材料的选择是经过深思熟虑，既呈现由古到今的时间性，又呈现朋友知己、社区邻里到城市国家的层级性。基于小学生六年级学生阅读文言文的难度，便把文言文嵌入有趣的故事，缓解了学习坡度。在读故事中，学生自主地一步步地读准、读通、读懂文言文。耳熟能详的故事能扫除理解的障碍，详略搭配古文学习，学生读着读着，自然而然地感受了文言文语言的魅力，背诵了金句，理解和传承中华优秀传统文化。

五、联系现实，践行真知

师：有容乃大是一种人品修养，散发人格的魅力。回顾小学六年生活，你们有过小矛盾、小误会吗？有没有宽容大度的榜样同学，令人印象深刻。请为同学写一张夸夸卡，为他/她"有容乃大"的包容心、平等心点赞！

（生写夸夸卡）

师：我看有同学已经写好了，谁愿意跟我们分享一下？

生：我发现你能包容，乐观向上，有时遇到不好的事，经常容忍他人，能容忍别人的错误。

师：对于同学给你的夸奖，你有什么感受？

生：没有他说得这么夸张。

师：你还是比较谦虚。

师：还有谁想来说说你夸夸卡上的内容？不要吝啬夸奖哦。

生：我一般上课时候会遇到有的同学在地上随地扔垃圾，她会首先告诉他你要怎么做，然后她就把垃圾捡到垃圾桶里面。

师：生活中的一处重要小细节都被你看在眼里，你被她夸奖之后什么感觉？

生：挺开心，但是我也希望以后再接再厉，不要让大家乱丢垃圾。

师：这个是夸奖的魅力所在，我相信是在我们毕业之际能够给同学们鼓励、夸赞甚至是包容，这一定能够成为我们之间非常珍贵的礼物。

师：对比今天学习的三则材料，你们有什么发现？

生：都讲了包容。

师："有容，德乃大"是对自己的包容。"君子尊贤而容众，嘉善而矜不能。"是——

生：有朋友相处的包容。

师："海纳百川，有容乃大"是——

生：城市的包容。

生：社区的包容。

生：民族的包容。

生：国家的包容。

师：古人用自己的智慧凝练出中华五千年的文化"容"字的深刻内涵，"容"不仅道出与自己，与朋友的相处之道，更传递着我们中国人与民族，与国家的格局。有容，仅仅是德乃大？

生：有容，格局乃大。

生：有容，气度乃大。

生：有容，胸怀乃大。

师：有容乃大的思想，已在中华文明历史长河中缓缓流淌了几千年。一个"容"字，体现中华传统文化的博大精深和源远流长。这真是"一字一世界，一字一乾坤"。"文明交往小讲师"的选拔，还有最后一关——"有容乃大"真君子21天挑战。期待同学们顺利通过考验，成为名副其实的"文明交往小讲师"！

师：同学们，下课！

生：老师，辛苦了！

【教学意图】

　　一节好课让孩子们的成长清晰可见，由读文本到生活实践，学生在课堂真情回忆，真挚表达，面对面的情感涌动，真正实现立德树人的目标。老师提出一个问题："有容，仅仅是德乃大吗？"一石激起千层浪，学生争先恐后说出心中的深层次理解。"容"凝练了中华五千年的文化，这真是"一字一世界，一字一乾坤"。通过回到课堂伊始的"文明小讲师"招募活动，整节课设计呈现闭环，让学生真真切切地感悟到了"有容乃大"中华文化的博大精深。

第七课

天下为公

【公】

字的上部"八"是分的意思（参见"八"字典中字条），下部的"口"表示所分的物品（参见"品"字条）。"公"的意思为平分东西，如"公有""公平"。

1 学习内容

材料一：典籍之"公"

公生明，偏生暗。——《荀子·不苟》

公正无私，一言而万民齐。——〔西汉〕刘安《淮南子》

大其牖，天光入；公其心，万善出。——〔明〕方孝孺《杂铭·牖》

【注释】

暗：此处指错误的认知或解释。　　牖（yǒu）：窗户。

材料二：孔子论"公"

从前，孔子在鲁国参加蜡（zhà）祭。蜡祭结束之后，他出来在宗庙门外的楼台上游览，不禁一声长叹，感叹现如今的鲁国。言偃在他身边问道："夫子为何长叹？"孔子回答说："大道实行的时代，以及夏、商、周三代英明君王当政的时代，我孔丘都没能赶上，我心之所向之。"

大道之行也，天下为公。选贤与能，讲信修睦。故人不独亲其亲，不独子其子，使老有所终，壮有所用，幼有所长，矜寡孤独废疾者皆有所养。

——《礼记·礼运》

【注释】

大道：指儒家推崇的上古时代的政治制度。　　行：施行。

为：是，表判断。　　与：通"举"，选举，推举。

修：培养。　　亲：意动用法，以"为"亲。亲，亲近。

壮：青壮年。　　矜：通"鳏"（guān），老而无妻的人。

孤：幼而无父的人。

独：老而无子的人。

废疾：残疾人。

【译文】
　　男子都有职业，女子都及时婚配。对于财货，人们都憎恨把它扔在地上的行为，却不一定要自己私藏。人们都愿意为公众之事竭尽全力，而不一定为自己谋私利。因此，奸邪之谋不会发生，盗窃、造反和害人的事情不发生，家家户户都不用关大门了。这就是大同社会。

▶ 材料三：春秋贵"公"

　　从前，先代圣主治理天下，一定把公正无私放在首位。君主治理天下能做到公正无私，天下就安定了……

　　管仲得了重病，齐桓公去问候他，说："仲父您的病非常严重了，百姓都不忌讳说您的生死了，我将把国家托付给谁呢？"管仲回答说："以前我用尽力量和智慧，还不足够用来知道托付国家的人选。如今重病，命在旦夕，我怎么能说得出呢？"齐桓公说："这是国家大事，希望仲父您指点我。"管仲恭敬地答应了，说："您打算让谁担任相呢？"齐桓公说："鲍叔牙行吗？"管仲回答说："不行。我和鲍叔牙交情很好。鲍叔牙为人清正廉洁，刚直不阿。看到不如自己的人，便不和人家亲近；一旦听到别人的过失，一辈子也不能忘记。"齐桓公说："不得已的话，那么隰（xí）朋大概可以吗？"管仲回答说："隰朋的为人，追慕贤达的人，劝勉后进之辈，以自己赶不上黄帝为羞愧，怜惜赶不上自己的人。他对于国政，细枝末节不去过问；他对于事物，不需要了解的就不去过问；他对于人，无关大节的，就装作没看见。不得已的话，那么隰朋还行吧。"

　　管仲曾经是齐桓公的仇人，而齐桓公施行公正，重用管仲，于是成为春秋五霸之首。齐桓公徇私偏袒，没有听从管仲的建议，重用竖刁，结果导致齐国的衰败。这又一次证明公正对于一个国家的重要性。

❷ 自学要求

1. 想想用"公"字能组哪些词。
2. 阅读材料一和材料二,思考什么是"公正"。把你的依据画出来。
3. 反复朗读两段文言文,读准生僻字,读通句子。留意"注释"和"译文",了解文言文的大致意思。
4. 想一个生活中与"公正"相关的事例。

践行"公正"金点子大赛

　　我的班级我做主。为了打造一个更加公正的"大同"班级,请全体同学共同出谋划策,为践行公正贡献智慧。

　　我认为一个"公正"的"大同"班级是_____,现在班级存在_____的不公正现象,同学们应该_____。

3 教学设计

学习内容

文言文:《荀子·不苟》《淮南子》《杂铭·牖》《礼记·礼运》语段。

学习目标

1. 能读准、读通、读懂两段文言文。感受文言文的语言风格。背诵相关金句。
2. 结合文言文内容,理解"天下为公"的中华优秀传统文化。
3. 联系生活实际,传承"天下为公"的中华文化。

教学重难点

教学重点:在梳理文言文内容的过程中,理解"天下为公"的文化内核。

教学难点:读准、读通、读懂文言文的内容,感受文言文的语言风格。

教学时间

1课时。

教学过程

一、视频导入,激活思维

1. 播放视频:同学们,上课伊始,老师给大家带来了一个国漫巅峰的动画故事,请认真观看,思考:如果要用一个字概括故事主旨,你会用哪一个字?(板书:"公")

你可以用"公"组词吗？

公平、公正、公约、公法、公安、公案、公报、公报私仇、公倍、公布、公厕、公差、公车、公婆、外公、公德、公历、公卿、三公、公主、天下为公、大公无私、开诚布公、克己奉公、舍己为公、夙夜在公……

2. 出示甲骨文：公（会意字。上面是"八"，什么意思？分字的初文，后表示相背，下面是形似口字的器皿。"公"就是将器皿中的食物公平、合理的分配。战国时期，"公"的写法出现变形，有些字的下部写得不像"口"而似"厶"。你曾在哪个字上看见过"厶"？它的意思是？（"私"的本字）。合起来表示"与私相背"，即"公正无私"的意思。其本义：公正，无私。除此之外，还有共有的、国家的、公开的、男性的、对长者的尊称等含义。）

二、阅读文本，建构认知

1. 阅读《典籍之"公"》语段。

"公"字是中国最美的汉字之一，它凝聚了深厚的历史底蕴与公正无私的道德理念。字形简洁而庄重，一笔一画间流露出公平、公正的精神内涵，象征着中华民族千百年来对公平正义的不懈追求，也成为中华民族的核心价值观念之一。在汉字的世界里，"公"字犹如一盏明灯，指引着人们走向光明、和谐的社会。请大家拿起学习单，读一读，思考什么是"公"，作批注，并把你的依据画下来。（学生读完后）

有答案的同学请举手！你从材料一中懂得了什么是"公正"吗？你的依据是什么？（可用文本原句说明）

结合注释，串讲三个金句，让学生自主理解"公"的含义。

①领读，练读，查读生僻字。

②自解其意，总结学法。（组词法、结合注释、联系生活实际理解）

"公生明，偏生暗"，意指公正会产生聪明，而偏私则会产生愚昧。换句话说，当人们在处理事情时能够秉持公正的态度，那么他们的心智将会更加明晰；如果心存偏私，则可能导致视野狭窄，无法看清事物的真相。

"公正无私，一言而万民齐。"如果执政者能够保持公正无私的态度，那么他的一句话就能够使千千万万的民众团结一致，齐心协力。这既体现了公正的力量，也展示了领导者的影响力。

"公其心，万善出"则表明，只有保持公正无私的心态，才能做出善良和正义的行为。这里的"公其心"指的是心态公正、不偏不倚，而"万善出"则是指由此产生的各种善良和正义的行为。

③请结合我们刚刚看的电影《哪吒之魔童降世》，说说你对"公"的理解。

2. 阅读《孔子论"公"》语段。

读了《孔子论"公"》的请举手！你从材料二中，懂得了什么是"公正"吗？你的依据是什么？（可用文本原句说明）

其中，孔子是怎么说的？（出示孔子语）

①领读，练读，齐读。文中有两处四个字的短语，句式一样的，找出来，读一读（独亲其亲，独子其子，老有所终，壮有所用，幼有所长）。

②谁能完整地把这句的意思说给大家听听？

远近亲疏皆为公，所有人都能得到社会的供养。这样的理想社会，孔子称为？

孔子口中的大同是什么？我们通过一个视频来了解。现在你用自己的语言说一说：大同社会是一番怎样的景象？

在《中共中央国务院关于支持深圳建设中国特色社会主义先行示范区的意见》中，将孔子说的"三有"升华为"七有"，请齐读"幼有善育、学有优教、劳有厚得、病有良医、老有颐养、住有宜居、弱有众扶"。在深圳，从个人层面看，人的观念公正、机会公正、权利公正；从社会层面看，社会的规则公正、制度公正、分配公正。正如孔子所说：

把品德高尚的人、有才能的人选出来，治理国家，机会公正，社会制度合理，就是——（齐读）"大道之行也，天下为公"；

人与人之间相处讲求诚信，规则公正，待人处事公平正直，培养和睦气氛，人的修养和观念公正就是——（齐读）"大道之行也，天下为公"；

老吾老以及人之老，幼吾幼以及人之幼，远近亲疏皆为公，人的权利平等就是——（齐读）"大道之行也，天下为公"；

人们不单奉养自己的父母，不单抚育自己的子女，要使老年人能终其天年，中年人能为社会效力，幼童能顺利地成长，使老而无妻的人、老而无夫的人、幼年丧父的孩子、老而无子的人、残疾人都能得到供养，分配公平就是——（齐读）"大道之行也，天下为公"。

三、联系现实，升华认知

1. 联系经验谈体会。

生活中，阅读中，你感受到哪些人为了"天下为公"而做的努力？

2. "天下为公"作为中华民族的核心价值观一路传承到今天，它对应的是社会主义核心价值观中的哪个词呢？（公正）

3. 创设情景，践行公正。请选择两个场景中的一个进行小组讨论，从践行公正的角度出发，"你"应该怎么做？

场景一：老师新任命你为小组长，一天早上，你发现最要好的朋友正在抄同桌的作业……（那天很早，老师还未到班）

场景二：作为班长，老师让你物色课代表人选，小东成绩优且乐于助人，但小明是你最好的朋友。你该怎么选？

4. 阅读《春秋贵公》选文。

（1）还有一位有名的大臣，叫吕不韦，他组织了全国所有的读书人来编了一本书，名字叫做《吕氏春秋》。里面有一个非常有意思的故事，请你快速阅读材料三，简单说一说讲了一件什么事，从中你懂得了什么道理？

（2）公正对于一个国家非常重要，那么，公正对于一个班级重要吗？

5. 践行"公正"金点子大赛。

我的班级我做主。为了打造一个更加公正的"大同"班级，请全体同学共同出谋划策，为践行公平贡献智慧。

我认为一个"公正"的"大同"班级是＿＿＿＿＿＿＿，现在班级存在＿＿＿＿＿＿的不公正现象，同学们应该＿＿＿＿＿＿。

四、总结收获，凝练表达

1. 联系材料一、材料二、材料三，我们发现"公"的内涵非常丰富，请说说你的收获？

我以前认为"公"只是＿＿＿＿，通过这节课，我知道"公"还可以是＿＿＿＿。在课后，我们还可以这样践行"公"：＿＿＿＿＿＿＿＿。

2. 结合天下为公的发展脉络，总结梳理，凝练中国五千年的文化的"公"字。

公生明，偏生暗。——《荀子·不苟》

公其心，万善出。——〔明〕方孝孺《杂铭·牖》

大道之行也，天下为公。——《礼记·礼运》

公正无私，一言而万民齐。——〔西汉〕刘安《淮南子》

古往今来，有非常多关于"公"的金句。可以说，"公"已化作中国人精神深处的文化基因。（板书：天下为公）从个人修养上，公平正直；在人际交往中，开诚布公；在治国理政上，天下为公，公正无私。传承到今天，中国人用"公正"作为核心价值观，建设理想中的大同社会和共产主义社会，用"天下为公"的理念多次向世界倡行大道，共建"一带一路"，构建人类命运共同体。

  今天这节课，我们在中华优秀传统文化的宝库中发现了"公"这颗瑰宝，让我们传承"天下为公"这一理念，让它的精神光辉绽放在世界的每一个角落。

4 课堂实录

师：上课。同学们好！

生：老师，您好！

师：请坐。早就听说了7班的同学们充满活力和才气，无论是在读书节推荐《天工开物》，还是大扫除后闪闪发亮的课室，都展现出了非凡的团队精神与创造力，班主任王老师的爱岗敬业更是有口皆碑。今天很高兴能到7班来和大家一起上一节公开课，虽然这是今天的最后一节课，但我相信，同学们一定能拿出自己最好的状态，展现出最好的自己。同学们，你们有信心吗？

生：有！（齐声回答）

一、视频导入，激活思维

师：我们都爱看动画片，钟老师首先请大家看一段被称为国漫巅峰的经典动画。请认真观看，思考：如果要用一个字概括故事主旨，你会用哪一个字？（播放动画片）（板书："公"）

师：你可以用"公"组词吗？（真好，请你把它写在黑板上）

公平、公正、公约、公法、公安、公案、公报、公报私仇、公倍、公布、公厕、公差、公车、公婆、外公、公德、公历、公卿、三公、公主、天下为公、大公无私、开诚布公、克己奉公、舍己为公、夙夜在公……

师：同学们用"公"组的词，就是你们对"公"字的理解。你认为什么叫"公"？谁能举例说明呢？

生1：我认为"公"首先代表了公平、公正，它强调在处理事务时不偏袒任何一方。如老师给同学们调座位时，不偏袒任何一人，每个同学都有坐第一排的时候。

生2：我认为"公"代表的是法律的公正。法律对每个人都是平等的，中华人民共和国公民依法享有同等的权利和机会。

生3：我认为"公"是公共、共同，它强调集体意识和公共利益。在班级事务中，"公"意味着大家共同参与、共同决策，为了共同的目标而努力，班级公约就是我们共同拟定的。

师：真好。你们举的例子都能很好地帮助大家理解"公"。追根溯源，回到最初的时候。（出示甲骨文：公）（"公"是个会意字。最早的时候是这样写的。上面是"八"，什么意思？分字的初文，后表示相背；下面是形似口字的器皿。"公"就是将器皿中的食物公平、合理的分配。战国时期，"公"的写法出现变形，汉代时，有些字的下部写得不像"口"而似"厶"。你曾在哪个字上看见过"厶"？它的意思是？（"私"的本字）。合起来表示"与私相背"，即"公正无私"的意思。其本义：公正，无私。除此之外，还有共有的、国家的、公开的、男性的、对长者的尊称等含义。）（用红色笔圈出学生板书中的公正、公平）

【教学意图】

课堂教学从"公"字入手，恰当地运用2019年流行的动画电影《哪吒之魔童降世》的素材，从"不公"引入"公"，激发学生探究欲望和阅读兴趣。通过"公"字的组词调动出学生已有的理解，通过举例说明让学生对"公"字有更深入的了解。为了让学生的学习更有深度，教师从字源角度切入，出示"公"的字形演变，通过"画说汉字"的方式，让学生形成对公的初步认识——公正。

二、阅读文本，建构认知

师："公"字是中国最美的汉字之一，它凝聚了深厚的历史底蕴与公正无私的道德理念。字形简洁而庄重，一笔一画间流露出公平、公正的精神内涵，象征着中华民族千百年来对公平正义的不懈追求，也成为中华民族的核心价值观念之一。在汉字的世界里，"公"字犹如一盏明灯，指引着人们走向光明、和谐的社会。请大家拿起学习单，自读材料一、材料二，读准字音，思考：什么是"公"。（5分钟）

> 学生独自阅读以下材料

▶ 材料一：典籍之"公"

公生明，偏生暗。——《荀子·不苟》
公正无私，一言而万民齐。——〔西汉〕刘安《淮南子》
大其牖，天光入；公其心，万善出。——〔明〕方孝孺《杂铭·牖》

【注释】

暗：此处指错误的认知或解释。　　牖（yǒu）：窗户。

材料二：孔子论"公"

从前，孔子在鲁国参加蜡（zhà）祭。蜡祭结束之后，他出来在宗庙门外的楼台上游览，不禁一声长叹，感叹现如今的鲁国。言偃在他身边问道："夫子为何长叹？"孔子回答说："大道实行的时代，以及夏、商、周三代英明君王当政的时代，我孔丘都没能赶上，我心之所向之。"

> 大道之行也，天下为公。选贤与能，讲信修睦。故人不独亲其亲，不独子其子，使老有所终，壮有所用，幼有所长，矜寡孤独废疾者皆有所养。
>
> ——《礼记·礼运》

【注释】

大道：指儒家推崇的上古时代的政治制度。　　行：施行。

为：是，表判断。　　与：通"举"，选举，推举。　　修：培养。

亲：意动用法，以为"亲"。亲，亲近。　　壮：青壮年。

矜：通"鳏"（guān），老而无妻的人。　　孤：幼而无父的人。

独：老而无子的人。　　废疾：残疾人。

【译文】

男子都有职业，女子都及时婚配。对于财货，人们都憎恨把它扔在地上的行为，却不一定要自己私藏。人们都愿意为公众之事竭尽全力，而不一定为自己谋私利。因此，奸邪之谋不会发生，盗窃、造反和害人的事情不发生，家家户户都不用关大门了。这就是大同社会。

师：我们先一起来读一遍材料一。你从材料一中，懂得了什么是"公"吗？同学们可以按这样的句式交流（屏显：我认为"公"是＿＿＿＿。我是从＿＿＿＿＿＿读出来的），其他同学边听边修正自己的思考，看有没有新的发现？

生1：我认为公是公正，我是从"公正无私，一言而万民齐"中读出来的，只有公正无私，才能让百姓更加信服。

生2：我认为公是公平，我是从"公生明，偏生暗"中读出来的，只有人与人之间公平、平等才可以带来光明的生活。

生3：我认为公是公德心，我是从"公其心，万善出"读出来的。只有人人都有公德心，千万个善行才会出现。

师：掌声送给刚刚发表自己的独特见解的同学。你们都很会学习，能够运用所学的学习小古文的方法，如组词法、结合注释、联系生活实际等自行理解典籍之中"公"的金句。老师为你们而赞叹。

师：谁能结合刚刚我们看的《哪吒之魔童降世》，说一说对"公"的理解。

生1："公生明，偏生暗"，当人们在处理事情时能够秉持公正的态度，那么他们的心智将会更加明晰；如果心存偏私，则可能导致视野狭窄，无法看清事物的真相。陈塘关的百姓对长得怪模怪样的哪吒早有偏见，因此，就算他做了好事，救了人，也还是被误解，被人扔烂鸡蛋。

生2："公其心，万善出"，表明只有保持公正无私的心态，才能做出善良和正义的行为。哪吒正是因为保持公正无私的心态，他才能突破重重障碍，一直坚持做善良正义的人，成为天下人的英雄。

生3："公正无私，一言而万民齐"，如果执政者能够保持公正无私的态度，那么他的一句话就能够使千千万万的民众团结一致，齐心协力。在影片中，李靖夫妇为守护陈塘关百姓而奉献了一辈子，所以他们的话不令而行，得到万民的拥戴。

【教学意图】

　　中华典籍中，不同的人对"公"有不同的理解。荀子的理解刚好可以和《哪吒之魔童降世》联系起来，最后又把所有话题抛向哪吒，把导入的电影素材用足用透，让它和教学内容紧密联系。

师：你们的理解都很有深度，不愧是中华优秀传统文化的传承人。你知道吗？中国最有名的老师、被称为"至圣先师"的孔子也有一段关于

"公"的论述，请大家自读材料二，然后思考孔子认为公正是什么，并在预学单上画出你的依据。

生1：孔子认为公正是所有人都能得到供养，我是从"故人不独亲其亲，不独子其子，使老有所终，壮有所用，幼有所长，矜寡孤独废疾者皆有所养"中读出来的。只有弱势群体也能获得和普通成人一样的权利，才是"公正"。

师：真好！有相同意见的请举手。还有吗？

生2：孔子认为公正是有公心不自私，我是从"对于财货，人们都憎恨把它扔在地上的行为，却不一定要自己私藏。人们都愿意为公众之事竭尽全力，而不一定为自己谋私利"中读出来的。

生3：孔子认为公正是天下为公，我是从"大道之行也，天下为公。选贤与能，讲信修睦"中读出来的。大道实行的时候，天下为百姓共有。人民选拔出有品德和才能的人管理国家，人与人之间讲究诚信，形成和睦相处的氛围。

生4：我认为公正是选拔官员时公平公正，我是从"大道之行也，天下为公。选贤与能，讲信修睦"中读出来的。

师：是啊。大家都不约而同，把目光投向了孔子说的话。（出示孔子语）让我们一起来自由读一读。请注意结合注释，读准，读通。

生：大道之行也，天下为公。选贤与能，讲信修睦。故人不独亲其亲，不独子其子，使老有所终，壮有所用，幼有所长，矜寡孤独废疾者皆有所养。

师：我们班的语文课代表是谁？请你试着读一读。其他同学注意听，待会请你做小评委。

师：谁来做小评委，说说她读得怎么样？

生：她的读音非常准确，而且该停顿的地方都停下来了，非常通顺流利。

师：给两位同学点赞。几个易错的地方都读得很准确。与，这里读"举"，意思是推举，矜（guān）寡（guǎ），看来注释看得很仔细。请同学们也一起来读一遍，读通、读顺。

师：谁能说说第一句话是什么意思？请你来。

生：儒家推崇的以尧舜禹为杰出代表的上古时代的政治制度推行的时

候，天下为百姓共有。选择贤德和有才能的人治理国家，人与人之间讲究诚信，培养和睦的关系。

师：哇！你的理解好准确！你用的是什么方法？

生：结合注释和以前的学习经验组词，猜的。

师：好办法。学习古文就是这样，"摸爬滚打"，连蒙带猜，大体理解就可以啦。

师：第三句中有两个五字短语，三个四字短语，句式一样的，你能找出来吗？

生：不独亲其亲，不独子其子，老有所终，壮有所用，幼有所长。

师：对，古文中常见一些句式相对的词语，他们的意思或相近或相反或相承。结合注释，我们能理解这句文言文的意思吗？

生：人们不单奉养自己的父母，不单抚育自己的子女，要使老年人能终其天年，中年人能为社会效力，幼童能顺利地成长。

师：远近亲疏皆为公，所有人都能得到社会的供养。这是一个理想的社会啊。孔子称这样的社会为？

生：大同社会。

师：孔子口中的大同是什么？我们通过一个视频了解。现在你用自己的语言说一说：大同社会是一番怎样的景象？

生1：人人相亲相爱，家家安居乐业。

生2：路不拾遗，夜不闭户，每个人都有十足的安全感。

生3：每一个小学生都能考上理想的学堂，有平等的求学机会。

师：是的。在《中共中央国务院关于支持深圳建设中国特色社会主义先行示范区的意见》中，将孔子说的"三有"升华为"七有"。请齐读……

生："幼有善育、学有优教、劳有厚得、病有良医、老有颐养、住有宜居、弱有众扶"。

师：在深圳，人们追求更高层次的公正。从个人层面看，人的观念公正、机会公正、权利公正；从社会层面看，社会的规则公正、制度公正、分配公正。

正如孔子所说：

把品德高尚的人、有才能的人选出来，治理国家，机会公正，社会制度合理，就是——（齐读）"大道之行也，天下为公"。

人与人之间相处讲求诚信，规则公正，待人处事公平正直，培养和睦气氛，人的修养和观念公正就是——（齐读）"大道之行也，天下为公"；

老吾老以及人之老，幼吾幼以及人之幼，远近亲疏皆为公，人的权利平等就是——（齐读）"大道之行也，天下为公"。

人们不单奉养自己的父母，不单抚育自己的子女，要使老年人能终其天年，中年人能为社会效力，幼童能顺利地成长，使老而无妻的人、老而无夫的人、幼年丧父的孩子、老而无子的人、残疾人都能得到供养，分配公平就是——（齐读）"大道之行也，天下为公"。

【教学意图】

在所有的典籍中，《礼记》中关于"公"的论述是最全面的，不仅包括个人层面、社会层面的"公"，而且囊括国家层面的"天下为公"。这是本课的教学重点和难点。因此，教师通过重点品析这段古文，水到渠成地引导学生理解孔子理想中的大同社会，然后联系到我们深圳正在建设的社会主义先行示范区，从书本照进现实，让学生更好地理解"天下为公"的核心理念。

三、联系现实，升华认知

师：联系经验谈体会：生活中，阅读中，你感受到哪些人为了"天下为公"而做的努力？

生1：我想到包拯，他不畏权贵，总是为弱势群体主持公正。

生2：我想到袁隆平，他的禾下乘凉梦造福了千千万万的人类。

师：老师的想法和你们不谋而合。还有呢？

生3：钱学森。

生4：钟南山。

生5：屠呦呦。

生6：华罗庚。

师：是啊。还有将"天下为公"奉为终生政治信念的孙中山，连调研出行都要自掏腰包、绝不拿公家一分钱的毛主席，以及一代又一代的共产党人。在当代，"天下为公"的传承者——习近平总书记在各种世界级别的会议上多次提倡共建"一带一路",构建人类命运共同体。这是更大意义上的公了。现在,我们回到自身:"天下为公"作为中华民族自古以来的核心价值观,与我们今天的社会主义核心价值观中的哪个词相对应呢?

生(异口同声):公正。

师:让我们一起来践行社会主义核心价值观之公正,假如你身处以下场景,会怎么做?

场景一:老师新任命你为小组长,一天早上,你发现最要好的朋友正在抄同桌的作业……(那天很早,老师还未到班)

场景二:作为班长,老师让你物色课代表人选,小东成绩优且乐于助人,但小明是你最好的朋友。你该怎么选?

生1:我会对好朋友说,抄作业是不文明的行为,我们应该杜绝。

生2:如果我是班长,我会选择小东,因为他成绩优且乐于助人。不管他不是我最好的朋友,我都会推荐他。

师:你们都是公正的南华小主人。还一位有名的大臣,叫吕不韦,他组织了全国所有的读书人编了一本书,名字叫《吕氏春秋》。里面有一个非常有意思的故事,请你快速阅读材料三,说说讲了一件什么事,从中你懂得了什么道理。

学生独自阅读以下材料

材料三:春秋贵"公"

从前,先代圣主治理天下,一定把公正无私放在首位。君主治理天下能做到公正无私,天下就安定了……

管仲得了重病,齐桓公去问候他,说:"仲父您的病非常严重了,百姓都不忌讳说您的生死了,我将把国家托付给谁呢?"管仲回答说:"以前我用尽力量和智慧,还不足够用来知道托付国家的人选。如今重病,命在旦夕,我怎么能说得出呢?"齐桓公说:"这是国家大事,希望仲父您指点我。"管仲恭敬地答应了,说:"您打算让谁担任相呢?"齐桓公说:"鲍叔牙行吗?"管仲回答说:"不行。我和鲍叔牙交情很好。鲍叔牙为人清正廉洁,刚直不阿。看到不如自己的人,便不和人家亲近;一旦听到别人的过失，一辈子也不能忘记。"齐桓公说："不得已的话，那么隰（xí）朋大概可以吗？"管仲回答说："隰朋的为人，追慕贤达的人，劝勉后进之辈，以自己赶不上黄帝为羞愧，怜惜赶不上自己的人。他对于国政，细枝末节不去过问；他对于事物，不需要了解的就不去过问；他对于人，无关大节的，就装作没看见。不得已的话，那么隰朋还行吧。"

管仲曾经是齐桓公的仇人，而齐桓公施行公正，重用管仲，于是成为春秋五霸之首。齐桓公徇私偏袒，没有听从管仲的建议，重用竖刁，结果导致齐国的衰败。这又一次证明公正对于一个国家的重要性。

生：文章讲了管仲和齐桓公的故事。齐桓公公正无私，重用了与他有仇但有才的管仲，所以国家强盛了，成为春秋五霸之首。但后来，他偏私狭隘，不听取管仲的建议，重用竖刁，结果导致齐国的衰败。这又一次证明公正对于一个国家的重要性。

师：概括得真好。公正对于一个国家非常重要，那么，公正对于一个班级重要吗？谁来说一说？

生1：非常重要。如果生活在一个不公正的班级，所有同学都会非常痛苦。

生2：公正对班级非常重要，不仅要有公正的班主任，还要有公正的班干部，这样才会形成公正的班风。

师：说得太对了。我的班级我做主。我和王老师一起组织了一场六（7）班践行"公正"金点子大赛，为了打造一个更加公正的"大同"班级，请全体同学共同出谋划策，为践行公平贡献智慧。

我认为一个"公正"的"大同"班级是＿＿＿＿＿＿＿＿，现在班级存在＿＿＿＿＿＿的不公正现象，同学们应该＿＿＿＿＿＿＿。

生1：我认为一个"公正"的"大同"班级是讲求诚信的，现在班级存在极个别作业抄袭的现象，同学们应该对自己的成绩和学习负责，对作业不能敷衍了事。

生2：我认为一个"公正"的"大同"班级是人人平等的，现在班级存在个别班干部仗势欺人、自以为高人一等的不公平现象，同学们应该大胆向老师们反映问题，共同营造一个公正和谐的班级氛围。

生3：我认为一个"公正"的"大同"班级是没有歧视的，现在班级存在对弱者不理不睬的现象，同学们应该相互帮助，向弱者伸出援手。

【教学意图】

从知到行，从远到近，从书本到现实，请学生联系生活，联系书本，联系人生经验之中的伟人，谈对"天下为公"的理解。最后，回归校园，创设情景，让学生在真实的班级生活中践行公正。

四、总结收获，凝练表达

师：你们真是善于思考，善于表达！现在，我们联系材料一、材料二、材料三来看，会发现"公"的内涵非常丰富，请说说这节课你的收获？可以用这样的句式表达：

我以前认为"公"只是_____，通过这节课，我知道"公"还可以是_____。在课后，我们还可以这样践行"公"：_____。

生1：我以前认为"公"只是公平公正，通过这节课，我知道"公"还可以是"天下为公"。在课后，我们还可以这样践行"公"：建设一个更加公正的"大同"班级。

生2：我以前认为"公"只是公正公开，通过这节课，我知道"公"还可以是"公其心，万善出"。在课后，我们还可以这样践行"公"：成为老师和家长们的好助手，成为维护班级、家庭公正的"小警察"。

生3：我以前认为"公"只是公有、公德心，通过这节课，我知道"公"还可以是"天下为公"。在课后，我们还可以这样践行"公"：成为小区的志愿者，多参加小区"美化家园、垃圾分类"等志愿活动。

师：古往今来，中国人一直在践行"公正"的核心价值观，产生了非常多的金句。读：

生：（齐读）

公生明，偏生暗。——《荀子·不苟》

公其心，万善出。——〔明〕方孝孺《杂铭·牖》

大道之行也，天下为公。——《礼记·礼运》

公正无私，一言而万民齐。——〔西汉〕刘安《淮南子》

师：可以说，"天下为公"已化作中国人精神深处的文化基因。（板书：天下为公）从个人修养上，公平正直；在人际交往中，开诚布公；在治国理政上，天下为公，公正无私。传承到今天，中国人用"公正"作为核心价值观，建设理想中的大同社会和共产主义社会，用"天下为公"的理念多次向世界倡行大道，共建"一带一路"，构建人类命运共同体。今天这节课，我们在中华优秀传统文化的宝库中发现了"公"这颗瑰宝，让我们传承"天下为公"这一理念，让它的精神光辉绽放在世界的每一个角落。

【教学意图】

一课一得，通过老师提供的表达支架，学生能很好地表达自己本节课的收获，实现课堂生长的可视化。

【教学后记】

为更适合小学六年级学生的学习水平，我在选择中华典籍中关于"公"的金句时有多次取舍，试课后决定只留金句部分，其他内容都作了删减，还对个别难词进行了注释，最大限度地降低学生的学习难度。

一、视频导入，激活思维

从学生喜爱的动漫《哪吒之魔童降世》导入，一下就抓住了学生的心神，引起了他们的学习兴趣。同时，从"公"甲骨文入手，激活学生的思维，让他们对"公"的本义和引申义有更清晰生动的了解。从课后反馈来看，学生的接受度特别好。

二、阅读文本，建构认知

从一字到多句，提供了《荀子·不苟》《淮南子》《杂铭·牖》《礼记·礼运》语段，让学生在金句和故事中了解中华传统的"公"文化，理解"天下为公"的内核，不仅是个人层面的公平正直，在人际交往中的开诚布公，而且是在治国理政上，天下为公、公正无私。同时，通过视频了解大同社会与今天深圳创建的"社会主义先行示范区"之间的联系，让学生感受"公"的观念一脉相承。课堂上通过四次引读，力争让学生背下金句"大道之行也，天下为公"。

三、联系现实，升华认知

没有落实到践行上的认知都是假认知。因此，课堂上设计了真实的校园情景，让学生设身处地地践行"公正"。插入《吕氏春秋·贵公》

片段，帮助学生更好地理解公正对于国家、学校、班级的作用。最后，组织学生开展践行"公正"金点子大赛，鼓励他们为建设更加公正的"大同"班级贡献智慧。

四、总结收获，凝练表达

每节课最后的总结非常必要，首尾呼应，让学生再次明确这节课所学的内容。结合老师提供的表达支架，学生能够更准确表达自己的学习收获，从而更好地成为中华优秀传统文化的传承者、宣传者和践行者。

第八课

奉公守法

灋 法 法 灋 法 法 灋 法 法 灋

【法】

原作"灋"。据《说文》解释：传说中有一种名叫"解（獬）廌（xiè zhì）"的神兽，它形似山牛，只有一角，能判别谁"不直"并触而"去之"，所以用它断案；执法要平，故从"水"。后简为"法"。

① 学习内容

> 赵奢者，赵之田部吏也。
> 收租税而平原君家不肯出租，
> 奢以法治之，杀平原君用事者九人。
> 平原君怒，将杀奢。
> 奢因说曰："君于赵为贵公子，
> 今纵君家而不奉公则法削，
> 法削则国弱，国弱则诸侯加兵，
> 诸侯加兵是无赵也，君安得有此富乎？
> 以君之贵，奉公如法则上下平，
> 上下平则国强，国强则赵固，
> 而君为贵戚，岂轻于天下邪？"
> 平原君以为贤，言之于王。
> 王用之治国赋，
> 国赋大平，民富而府库实。
>
> ——《史记》

▶ 材料一：奉公守法

战国末期，赵奢是赵国负责收税的官员。他到赵惠文王的弟弟、平原君赵胜家收取租税，但赵胜的管家不肯缴纳田税，赵奢根据律法，杀了平原君家九个参与闹事的人。

赵胜得知后十分恼怒，要杀了赵奢。赵奢面不改色，据理力争说道："您在赵国是贵公子，却纵容您的家臣不守律法，如果大家都不守律法，国家必然衰弱。国家衰弱，诸侯就会来侵犯我们，甚至灭掉赵国。那时您还能保持现在这样的富贵吗？凭着您的尊贵地位，如果您奉公守法，百姓也会以您为榜样，全国上下太平，国家也就强盛起来了。您作为赵国重臣贵戚，怎么能不重视律法呢？"

赵胜认为赵奢是一个贤能的人，便不再追究，并向赵惠文王举荐了赵奢。

赵惠文王任用赵奢统管国家赋税，此后赵国赋税公平合理，百姓富足，国库充实。

> **读古文**
> 以君之贵，奉公如法则上下平，上下平则国强。
>
> ——《史记》

【注释】
奉公如法：奉公守法，遵守法纪。
平：同心，齐心，一心。

【译文】
　　以您的尊贵地位，带头遵守法纪，赵国就会上下同心，上下同心国家就会强大。

▶ 材料二：贯穿古今

徙木立信

"徙木立信"又名"立木为信""商鞅立信"，最早出自《史记·商君列传》。春秋战国时，商鞅在秦孝公的支持下主持变法。为了推进改革，商鞅下令在都城南门外立一根三丈长的木头，并当众许诺："谁能把这根木头搬到北门，赏金十两。"但所有民众都不信，直到将赏金提升至五十金时，才有一壮士尝试，商鞅如约赏给他五十金。商鞅这一举动，取得了民众信任，并在百姓心中树立起了威信，商鞅接下来的变法就很快在秦国推广开了。

约法三章

中国古代法治典故"约法三章"，最早出自西汉司马迁《史记·高祖本纪》。

公元前206年，刘邦带兵攻到了咸阳，秦王子婴向刘邦投降。刘邦进咸阳后秋毫无犯，将秦朝的宫廷重地及财宝物资府库予以保护或封存，将十万大军撤驻城外霸上。为了取得民心，还把关中各县父老、豪杰召集起来，郑重地向他们宣布道："秦朝的严刑苛法，把众位害苦了，应该全部废除。现在我和众位约定，不论是谁，都要遵守三条法律。这三条是：杀人者要处死，伤人者要抵罪，盗窃者也要判罪！"父老、豪杰们对此都表示拥护。接下来，刘邦又派出大批人员，到各县各乡去宣传约法三章，使约法三章家喻户晓。

秉公执法

自古以来，"秉公执法"的法治故事有不少，最具代表性的人物当属西汉张释之。他不畏皇权，秉公执法。他以执法公正、刚直不阿闻名，当时的人称赞"释之为廷尉，天下无冤民"。张释之早期曾任公车令，掌管宫门事宜。有一次，太子刘启与梁王刘武同乘一辆车入朝，到了皇宫外的司马门没有下车，违反了法令。张释之当即阻止太子和梁王进宫，并以"大不敬"的罪名向汉文帝检举揭发。汉文帝只得摘下帽子赔罪，事后张释之不但没有被贬，反而接连升官，后来被封为九卿之一的廷尉，负责审理全国的刑狱案件。

制定纪律就是要执行的。"不以规矩，不能成方圆"，"木受绳则直，金就砺则利"，讲的就是这个道理。党的规矩，党组织和党员、干部必须遵照执行，不能搞特殊、有例外。各级党组织要敢抓敢管，使纪律真正成为带电的高压线。

——摘自2014年1月14日习近平总书记在十八届中央纪委三次全会上的重要讲话

材料三：知规识矩

木受绳则直，金就砺则利。

——《荀子·劝学》

【译文】

木头经墨线量过就直了，金属在磨刀石上磨过就锋利了。说明客观事物经过人工改造可以改变原来的性状。那么人通过学习也可以改变自己的品性和对世界的认知。

孟子曰："离娄之明、公输子之巧，不以规矩，不能成方圆；尧舜之道，不以仁政，不能平治天下。"

——《孟子·离娄上》

【注释】

离娄：人名，黄帝时人，相传可以于百步之外，看清秋天鸟兽的新毛的末端。

明：视力。

公输子：鲁班，古代有名建筑工匠。

巧：技巧。

尧舜：两人均为古代的明君。

道：学说。

以：实施。

平治：治理。

自学要求

1. 开课前想一想什么是"法"。
2. 阅读材料一，思考为什么要"奉公守法"。把你的依据画出来。
3. 反复朗读材料中"以君之贵，奉公如法则上下平，上下平则国强""木受绳则直，金就砺则利""孟子曰：'离娄之明、公输子之巧，不以规矩，不能成方圆；尧舜之道，不以仁政，不能平治天下'"三段文言文，读准字音，读通句子。留意"注释"和"译文"，了解文言文的大致意思。
4. 对于河北邯郸"三名初中生霸凌杀害同学"事件，你有何看法？
5. 请同学们在上课前准备好圆规和三角尺。

3 教学设计

学习内容

文言文：《史记》《孟子·离娄上》《荀子·劝学》语段。

学习目标

1. 能读准、读通、读懂三段文言文。感受文言文的语言风格。背诵相关金句。
2. 结合文言文内容，理解"奉公守法"的内涵。
3. 联系生活实际，践行社会主义核心价值观——"法治"。

教学重难点

教学重点：在梳理文言文内容的过程中，理解"奉公守法"的内涵及意义。

教学难点：读准、读通、读懂文言文的内容，能在思辨中形成观点，愿意表达。

教学时间

1课时。

教学过程

一、猜字导入，激活思维

1. 出示"法"字源图片。（板书"法"）
2. 释义"法"：会意。从"水"，表示法律、法度公平如水；从"廌"

(zhì)，即獬豸，神话传说中的一种神兽，据说，它能辨别曲直，在审理案件时，它能用角去触理屈的人。

3. 学生用"法"发散性组词（两字词语、四字词语）。

二、谈古论今，贯通认知

活动一　一字一句　探典识法

阅读材料一（《史记》语段）

（1）教师引导：法，自古以来就和每一个人的生活息息相关，让我们走近典籍，一起探典识法。

（2）学生文白对读。

（3）学生读完后，谈一谈"典籍中，谁奉公守法？奉公守法给赵国带去了什么？"。

①师领读，生练读。

②完整地给大家讲奉公守法的故事。

③引导学生思考：文中谁奉公守法？奉公守法有何好处？

奉公守法，令赵国国富民强——百姓富足而国府充实。

诵读"奉公守法"的句子——以君之贵，奉公如法则上下平，上下平则国强。

多次诵读文言文。

讲自己对文言文的理解。

教师课中小结：

从古至今法对我们的生活产生的积极影响。

活动二　思通千古　畅谈守法

1. 分享课前阅读的材料二。（有关"守法"的选文）

2. 从几则选文中，你读懂了什么？（学生各抒己见谈感受）

从习近平总书记的讲话中择取文言文"木受绳则直，金就砺则利"。

文白对读，理解文意。

联系生活，畅谈理解。

教师课中小结：

商鞅"立木为信"带领秦国变法，实现了秦国的强大；刘邦"约法三章"取得民心，为大汉建立奠定了坚实的基础；张释之"秉公执法"，使得普天之下无冤民；习近平总书记提出"全面依法治国"，正带领中华民族实现伟大复兴。

奉公守法，于国于民，于公于私，都有重大意义。

1．联系材料三——学生绘制方与圆，感受规矩之重要。

（1）学生不借助任何工具绘制方与圆。

（2）学生使用圆规和三角尺，再次绘制方与圆。

（3）谈两次活动的感受。（规矩——非常重要）

2．听教授讲规矩的由来。

3．朗读与规矩相关的文言文。

三、联系生活，践行真知

1．出示时事热点。

2．引发学生思辨。

3．得出结论：依法治国。法，不能向不法让步！

4．齐诵社会主义核心价值观。

一个简简单单"法"字，实则不简单。

法，关乎国计民生，法治观念强，则国强！

法，让我们窥见世界，看见乾坤！

法，需要我们一代又一代的年轻人去践行。

依法治国，需要我们我每一个人去推动。

践行社会主义核心价值观，需要我们从小事做起，从点滴做起。

4 课堂实录

（课前互动）

师：同学们，今天，老师给大家带来一份特殊的礼物，请同学们猜一猜图片上出现的是什么字？（教师出示甲骨文"法"的图片，板贴图片）

生：甲骨文。

师：是的，的确是甲骨文。那么，这个甲骨文是一个什么字？请大家大胆地猜测。

生1：这个是……

生2：法。

师：好，说说猜测的理由？

生：上面有个三点水，下面有一个类似于秤的东西，就跟法的一部分去字差不多。

师：是的，这是一个会意字——法。（屏显，学生读屏）

板块一　猜字导入　激活思维

《说文解字》记载：传说有一种叫獬豸的神兽，它的头顶上像山牛一样，只有一个角，神兽獬豸能够辨别谁不直，并用角去顶他。在古时候，獬豸可以把那个歪理的、不守法的人找出来。

师：谁能用"法"组个词？

生1：法律。

生2：宪法。

生3：法学。

生4：无法无天。

生5：遵纪守法。

生6：知法犯法。

生7：奉公守法。

师：真好！这些词让我们发觉——"法"就在我们身边，它历经千古，穿越万年，来到我们的身边。请大家和老师一起到古文中寻"法"探典。

板块二 谈古论今 贯通认知

活动一 一字一句 探典识法

> **屏显：**
>
> 赵奢者，赵之田部吏也，收租税而平原君家不肯出租，奢以法治之，杀平原君用事者九人。平原君怒，将杀奢。奢因说曰："君于赵为贵公子，今纵君家而不奉公则法削，法削则国弱，国弱则诸侯加兵，诸侯加兵是无赵也，君安得有此富乎？以君之贵，奉公如法则上下平，上下平则国强，国强则赵固，而君为贵戚，岂轻于天下邪？"平原君以为贤，言之于王，王用之治国赋，国赋大平，民富而府库实。

师：请大家读古文，并尝试用自己的话和同桌说一说这个小故事。

（生自由读，自由说）

（屏显出示"以君之贵，奉公如法则上下平，上下平则国强"）

师：同学们，能根据学习材料一的提示尝试说说这句话的意思吗？

师：君在这里指的是——

生：平原君。

师：对，平原君，你开始读懂了，谁能尝试说完这一句。

生：以平原君您的尊贵，您如果能遵守法纪，则赵国就会上下太平，举国上下平赵国就会强大。

师：非常棒！挑战升级，请大家将这一句古文，读得再短一些，读成一个词——是什么？

生：奉公守法。

（师板书：奉公守法）

师：故事里奉公守法的是平原君，那么，奉公守法有何好处？

生 1：奉公守法，令赵国国富民强。

生 2：奉公守法让百姓富足而国府充实。

活动二 思通千古 畅谈守法

师：好，今天我们就沿着奉公守法的相关故事，接着往下看，请你阅读材料二里的四则材料。然后，和同桌围绕"法改变了什么？"这个话题谈感受。

依次屏显：

"徙木立信"又名"立木为信""商鞅立信"，最早出自《史记·商君列传》。春秋战国时，商鞅在秦孝公的支持下主持变法。为了推进改革，商鞅下令在都城南门外立一根三丈长的木头，并当众许诺："谁能把这根木头搬到北门，赏金十两。"但所有民众都不信，直到将赏金提升至五十金时，才有一壮士尝试，商鞅如约赏给他五十金。商鞅这一举动，取得了民众信任，并在百姓心中树立起了威信，商鞅接下来的变法就很快在秦国推广开了。

中国古代法治典故《约法三章》，最早出自西汉司马迁《史记·高祖本纪》。公元前206年，刘邦带兵攻到了咸阳，秦王子婴向刘邦投降。刘邦进咸阳后秋毫无犯，将秦朝的宫廷重地及财宝物资府库予以保护或封存，将十万大军撤驻城外霸上。为了取得民心，还把关中各县父老、豪杰召集起来，郑重地向他们宣布道："秦朝的严刑苛法，把众位害苦了，应该全部废除。现在我和众位约定，不论是谁，都要遵守三条法律。这三条是：杀人者要处死，伤人者要抵罪，盗窃者也要判罪！"父老、豪杰们对此都表示拥护。接下来，刘邦又派出大批人员，到各县各乡去宣传约法三章，使约法三章家喻户晓。

自古以来，"秉公执法"的法治故事有不少，最具代表性的人物当属西汉张释之。他不畏皇权，秉公执法。他以执法公正、刚直不阿闻名，当时的人称赞"释之为廷尉，天下无冤民"。张释之早期曾任公车令，掌管宫门事宜。有一次，太子刘启与梁王刘武同乘一辆车入朝，到了皇宫外的司马门没有下车，违反了法令。张释之当即阻止太子和梁王进宫，并以"大不敬"的罪名向汉文帝检举揭发。汉文帝只得摘下帽子赔罪，事后张释之不但没有被贬，反而接连升官，后来被封为九卿之一的廷尉，负责审理全国的刑狱案件。

制定纪律就是要执行的。"不以规矩，不能成方圆"，"木受绳则直，金就砺则利"，讲的就是这个道理。党的规矩，党组织和党员、干部必须遵照执行，不能搞特殊、有例外。各级党组织要敢抓敢管，使纪律真正成为带电的高压线。——摘自2014年1月14日习近平总书记在十八届中央纪委三次全会上的重要讲话师：有没有哪个同学就其中的一个材料说说，"法"给这些国家或者是这些地方带来了怎么样的变化？好，请你来。

生：在《约法三章》中，"法"让老百姓家喻户晓，社会安定。

师：是的，咱们读历史就知道，"法"为刘邦建立西汉奠定了坚实的基础。（生上台板书"基础"）还有谁能谈谈？请你来——

生：我阅读了《徙木立信》，商鞅他能在秦孝公支持下变法，然后他取得了人民信任。

师：对。那么商鞅变法，让秦国发生了什么样的变化？

生：让秦国变得更加强大。

师：是的，法让秦国变得强大。（生上台板书"强大"）

生：我读的是《秉公执法》，张释之他不畏皇权，执法公正，刚正不阿，就算面对太子和梁王，他也依照法律让他们俩赔罪。所以我觉得，"法"是公正的，人人平等的。

师：概括得非常好，请你上讲台把"公正""平等"板书。（生上台板书"公正""平等"）最后一则材料，那我们一起来说一说。

生：习近平总书记提出"守规矩，执行纪律"。

生：总书记提出，强国复兴梦，要实现伟大梦想必须遵纪守法，奉公守法。

师：是的！强国复兴梦，必须以"法"作为基石。唯有如此，才能追求社会的——

生：公正平等。

师：才能够追求国家的——

生：自由强大。

师：奉公守法，于国于民，于公于私，都有重大意义。商鞅"立木为信"带领秦国变法，实现秦国的强大；刘邦"约法三章"取得民心，为大汉建立奠定了坚实的基础；张释之"秉公执法"，使得普天之下无冤民；习近平总书记提出"全面依法治国"，正带领中华民族实现伟大复兴。总书记的讲话中，蕴含了两段古文，让我们分别来感受千百年前文言的魅力。

> **屏显：**
>
> 木受绳则直，金就砺则利。——《荀子·劝学》
>
> 译文：木头经墨线量过就直了，金属在磨刀石上磨过就锋利了。说明客观事物经过人工改造可以改变原来的性状。那么人通过学习也可以改变自己的品性和对世界的认知。

第八课 奉公守法

师：人们通过学习法、了解法，可以丰富自己对法的认知，坚定守法的意识。

活动三　手绘方圆　规矩护法

师：下面我们来做一个游戏。同学们请拿出准备好的纸，请你不借助任何工具在纸上画一个圆，再徒手画一个矩形。

（学生一分钟体验"徒手绘制方与圆"）

师：好不好画，同学们？

生：不好画。

师：不好画就对了，让我们一起来看看这个画圆的视频。

屏显：播放圆规画圆的视频。

生：老师，视频里面用了圆规辅助画圆。

师：同学们，你们带了圆规和直尺吗？

生：带了！

师：现在，请同学们再用圆规和直尺在旁边画一个圆、一个矩形。

师：对比两次所画，你发现了什么？想一想，为什么第二次会比第一次画得好？

（生同桌交流）

师：声音越来越小了，看来大家交流完毕了。请两个同学来说说。

生1：我发现第二次比第一次画得好。

生2：我发现借助工具可以使自己画的东西更规矩。

师：（直接拎出了一个词"规矩"。）请你发表看法——

生：第一次，我没有用工具，画得歪歪扭扭的。如果不用工具，就像生活中没有规则一样，社会、国家就会乱。

师：是的，没有"规矩"辅助，绘图就会乱，就会断裂，就会不平整，就会不舒服，就会不漂亮。绘图如此，管理社会和国家亦是如此。

让我们一起听听武汉大学的文学院万献初教授对"规矩"的理解。

> **视频音：**
>
> 　　经文里有一个字，左边是一个工字，就是工字尺；右边是一个大，大字就是一个大人，一个长大的人就是一个工匠，手里拿着工字尺。这个叫作矩，那规是画圆的工具，矩是画方的工具，那么我们要做一

个圆，你一定要按圆规画出来的去做；你做一个方，一定要按这个工字尺画出来的尺度去做才是 90° 的一个方。所以《孟子·离娄上》说，不以规矩，不成方圆。我们现在经常说不以规矩不成方圆，这是民间的术语。《荀子·赋》说圆者中规，方者中矩，这就是我们今天的成语叫作中规中矩，不能念中（zhōng）规中矩，叫中（zhòng）规中矩，什么意思？你画出来的圆，用圆规去复印一下，是完全合的，你画出来的方形，用这个矩阵，就是 90° 的工字尺去量，没有毫厘差别。好，我们天圆地方，大自然的创造物，它都是有定的，我们人做事一定也是要有定的，所以规矩就成为我们今天所说的制度。

师：制度再往上升，就是我们的法律。自古以来，规矩对于每一个中国人来说都无比重要。

屏显：

孟子曰："离娄之明、公输子之巧，不以规矩，不能成方圆；尧舜之道，不以仁政，不能平治天下。"

师：孟子曰——
生：离娄之明、公输子之巧，不以规矩，不能成方圆；尧舜之道，不以仁政，不能平治天下。
（生文白对读，理解文本含义，与同桌互说理解）

板块三　联系生活　践行真知

师：同学们说得认真、深刻，真好！在我们的学习生活中，遵守规矩，给你带来了什么样的好处？请你来说。
生：我们在过马路的时候应该遵守交通法规，它给我们带来好处是在我们行人过马路的时候，给了我们安全保障。
师：保障了我们的安全，守规矩，可保平安，还有吗？请你来说。
生：遵守班规的话，可以让班级和谐美好。
师：让班级什么？
生：和谐美好。

师：你们班就是一个和谐美好的班级，对不？好，再来请你说。

生：法律让国家更有条理。

师：国家有条理的同时，我们的生活也更有条理。遵守法律和法规，能够带给我们什么？

生：遵守法律、法规给我们带来安全。

生：还能带来公正、平等、强大。

师：遵纪守法、奉公守法是带领我们走向民族复兴的——

生：重要保障。

师：真好。同学们，今天老师就带来一个辩证题。

屏显：

近日，河北邯郸三名初中生霸凌杀害同学的事件登上了热搜，引起了全民的关注。

师：同学们知不知道这件事？

生：知道。

师：就这个事情，请你和你的同桌前后四个同学讨论，谈谈你的看法。

生1：我觉得杀害同学的少年，虽然现在判不了死刑，但应等他18岁的时候再判。

生2：修改法律，不管有意杀人的是未成年人还是成年人，都要判死刑。

生3：我认为他们应该判死刑，因为法律保护的是那些遵纪守法的人。

师：好，请你把你最后一句话再说一遍。

生3：因为法律保护的是遵纪守法的公民。

师：他说法律和法规保护的是遵纪守法的公民。河北少年杀害同学这个事已经产生了非常恶劣的影响，不严惩就没有震慑作用，是不是？好，请你来说。

生：法律不是一成不变的，要适应社会的变化，现在已经发生了这样的事情，就用新的法律应对这些新的变化。

师：孩子们，其实早在中国古代，《唐律疏议》里规定10岁以上的孩子如果故意杀人的话，就要判死罪。央视网说得好。

> **屏显：**
>
> 善良和宽容绝不能够用在恶魔的身上。小孩子射出的子弹和成年人射出的子弹同样致命，没有区别，凭什么小孩子就可以从轻发落？如果法律给他们机会，谁来给受害者机会，谁又来为受害者家属的余生买单。《未成年人保护法》保护的应该是守法的、善良的、手无缚鸡之力的、受到伤害和欺凌的孩子，而不是双手沾满别人鲜血，玩弄、践踏法律，蔑视别人生命与尊严的恶魔。

师：善良和宽容绝不能够用在恶魔的身上，小孩子射出的子弹和成年人射出的子弹同样致命，没有区别，凭什么小孩子就可以从轻发落？如果法律给他们机会，谁来给受害者机会，谁又来为受害者家属的余生买单。

生：《未成年人保护法》保护的应该是守法的、善良的、手无缚鸡之力的、受到伤害的欺凌的孩子，而不是双手沾满别人鲜血，玩弄、践踏法律，蔑视别人生命与尊严的恶魔。

> **屏显视频：**
>
> 电影《第二十条》片段——"法不能向不法让步。"

师：同学们，如果没有法，那么这一切将不复存在，不要说社会发展的基石，也不要说社会的公正，更不要说国家的强大民族的复兴，这一切都将不复存在。（教师边总结边擦去板书，直到黑板干干净净）

> **屏显：**
>
> 社会主义核心价值观

师生齐诵。

师（总结）：一个简简单单"法"字，实则不简单。法，关乎国计民生，法治观念强，则国强！法，让我们窥见世界，看见乾坤！法，需要我们一代又一代的年轻人去践行。依法治国，需要我们每一个人去推动。践行社会主义核心价值观，需要我们从小事做起，从点滴做起。

下课。同学们再见！

生：谢谢老师，老师再见！

【教学意图】

文言文是我国民族文化的一种载体，学习文言文是传承中国文化、吸收民族文化精髓的有效途径。我们的课程要唤醒学生学习文言文的学习热情，把"学生的发展为本"放在第一位，让学生充分体验享受每一次成功的喜悦——由原先对文言文的厌学到乐学，由被动地学到主动地学。希望通过我们的"一字一句一古文"课程，让学生吸收民族文化智慧，认识到中华文化的丰厚博大！

【教学后记】

"法者，治之端也。"法治是社会层面的核心价值观取向。党的十八大提出了"科学立法、严格执法、公正司法、全民守法"方针，这是中国新时代依法治国的"新十六字方针"，也是法治中国建设的衡量标准。

小学生有一定的理论分析能力，也初步具有法的意识和规则意识。但学生法的意识还比较淡薄，理论理解能力有限，需要教师用学生喜闻乐见的说文解字、引人入胜的文言文故事、生活化的事例，帮助学生理解"法"的含义，引导学生奉公守法，践行社会主义核心价值观——"法治"，共同创建和谐文明的社会。

课堂教学的环节实施，采用了循序渐进的策略：

法，自古以来就与每一个人的生活息息相关，在本课的"猜字导入　激活思维"环节，教师首先引导学生走进典籍，一起探典识法，用文白对读的方式，深入理解"以君之贵，奉公如法则上下平，上下平则国强"。

在"一字一句　探典识法"教学环节，和学生一起分享有关"守法"的选文：商鞅"立木为信"带领秦国变法，实现了秦国的强大；刘邦"约法三章"取得民心，为大汉建立奠定了坚实的基础；张释之"秉公执法"，使得普天之下无冤民；习近平总书记提出"全面依法治国"，正带领中华民族实现伟大复兴。

在"思通千古　畅谈守法"教学环节，让学生各抒己见谈感受，让学生明了奉公守法，于国于民，于公于私，都有重大意义的精神内涵。

在"手绘方圆　规矩护法"教学环节，教师带领学生绘制方与圆：首先学生不借助任何工具绘制方与圆，接着学生用圆规和直尺，再次绘制方与圆。用这种学生喜闻乐见的方式感受规矩的重要，教学中联系时事热点，践行真知，引发学生思辨。由学生的辩论赛得出结论：依法治国；法，不能向不法让步！

　　希望通过中华经典法治文言文的学习，帮助学生了解法的内涵，认识法的地位，进一步充实法治和文明知识，树立一个国家要依法治国、依宪治国，才能创造和谐文明社会的思想意识。

第九课

家国情怀

【国】

原作"或"。字形像以"戈"（武器）守卫"口"（城邑）。后来在字的周围加方框表示疆域，构成"國"字。金文中又以"或"为"域"字。

学习内容

▶ 材料一：陆游与《示儿》

陆游给他儿子写过的话：

1. 闻义贵能徙，见贤思与齐。

译文：听闻道义，贵在遵循它；看见有才能的人，要向他看齐。

2. 愿儿力耕足衣食，读书万卷真何益。

译文：希望你努力耕种，丰衣足食；读书益处有很多（要多读书）！

3. 纸上得来终觉浅，绝知此事要躬行。

译文：从书本上得到的知识毕竟比较肤浅，要透彻地认识事物，还必须亲自实践。

陆游生平：陆游生逢北宋灭亡之际，少年时即深受家庭爱国思想的熏陶。宋高宗时，陆游参加礼部考试，因受秦桧排斥而仕途不畅。宋孝宗继位后，陆游被赐进士出身，历任福州宁德县主簿、敕令所删定官、隆兴府通判等职，因坚持抗金，遭到主和派排斥。乾道七年（1171年），陆游应四川宣抚使王炎之邀，投身军旅，任职于南郑幕府。次年，幕府解散，陆游奉诏入蜀，与范成大相知。宋光宗继位后，陆游升为礼部郎中兼实录院检讨官，不久即因"嘲咏风月"被罢官归居故里。嘉泰二年（1202年），宋宁宗诏陆游入京，主持编修孝宗、光宗两朝实录和《三朝史》，官至宝章阁待制。书成后，陆游长期蛰居山阴。嘉定三年（1210年），与世长辞，享年八十五岁，留下绝笔诗《示儿》。

陆游部分爱国诗：

少年：上马击狂胡，下马草军书。

中年：京华结交尽奇士，意气相期共生死。

暮年：僵卧孤村不自哀，尚思为国戍轮台。

临终：王师北定中原日，家祭无忘告乃翁。

▶ 材料二：修身、齐家、治国、平天下

古之欲明明德于天下者，先治其国；欲治其国者，先齐其家；欲齐其家者，先修其身；欲修其身者，先正其心；欲正其心者，先诚其意；欲诚其意者，先致其知。致知在格物。物格而后知至，知至而后意诚，意诚而后心正，心正而后身修，身修而后家齐，家齐而后国治，国治而后天下平。

——《礼记·大学》

【译文】

古代那些要使美德彰明于天下的人，要先治理好他的国家；要治理好国家，就要先整顿好自己的家；要整顿好家，就要先进行自我修养；要进行自我修养，就要先端正自己的思想；要端正自己的思想，就要先使自己心意诚实；要使自己心意诚实，就要先充实知识；要充实知识，又取决于对天下事理的推究。对天下事理的推究之后，才能充实知识，获得知识后心意才能诚实，使自己心意诚实之后，才能端正自己的思想，端正自己的思想之后，才能进行自我修养，进行自我修养之后，才能整顿好家，整顿好家之后，才能治理好国家，治理好国家之后，才能使美德彰明于天下。

▶ 材料三：靖康之耻

1125年，赵佶（宋徽宗）传位给长子赵桓（宋钦宗）。第二年，宋钦宗改年号为"靖康"。1127年4月，金兵攻破汴梁，抓走徽、钦二帝。皇宫大多数人沦为奴隶，国破家亡，流离失所，史称：靖康之耻！

1127年6月，赵构（宋高宗）在南京继位，后迁都临安，建立南宋。南宋朝廷，君臣只知寻欢作乐，偏安一隅，不思收复失地，一味屈膝求和，完全不顾沦陷地的百姓饱受欺凌。

▶ 材料四：爱国的古诗文

《秦风·无衣》：岂曰无衣？与子同袍。王于兴师，修我戈矛。

曹植《白马篇》：长驱蹈匈奴，左顾凌鲜卑。弃身锋刃端，性命安可怀。父母且不顾，何言子与妻。名编壮士籍，不得中顾私。捐躯赴国难，

视死忽如归。

　　王翰《凉州词》：葡萄美酒夜光杯，欲饮琵琶马上催。醉卧沙场君莫笑，古来征战几人回。

　　王昌龄《出塞》：秦时明月汉时关，万里长征人未还。但使龙城飞将在，不教胡马度阴山。

　　王昌龄《凉州词》：青海长云暗雪山，孤城遥望玉门关。黄沙百战穿金甲，不破楼兰终不还。

　　范仲淹《岳阳楼记》：先天下之忧而忧，后天下之乐而乐。

　　李清照《夏日绝句》：生当作人杰，死亦为鬼雄。至今思项羽，不肯过江东。

　　文天祥《过零丁洋》：人生自古谁无死，留取丹心照汗青。

② 自学要求

1. 想想用"国"字能组哪些词。（不能组类似美国、英国等）
2. 阅读材料，思考什么是"爱国"。把你的依据画出来。
3. 反复朗读《示儿》和文言文，读准字音，读通句子。留意"译文"，了解古诗、文言文的大致意思。

3 教学设计

学习内容

古诗《示儿》，文言文:《礼记·大学》语段。

学习目标

1. 能读准、读通、读懂古诗、文言文。感受文言文的语言风格。背诵相关金句。
2. 结合文言文内容，理解"家国情怀"的中华优秀传统文化。
3. 联系生活实际，传承"家国情怀"的中华文化。

教学重难点

教学重点：在梳理文言文内容的过程中，理解"家国情怀"的文化内核。

教学难点：读准、读通、读懂文言文的内容，感受文言文的语言风格。

教学时间

1课时。

教学过程

一、组词导入，激活思维

1. 你可以用"国"组词吗？
2. "国"字演变过程，借助变化，理解字义。

二、阅读文本，建构认知

1. 诵读陆游"示儿"群诗。

中华民族一直高扬着爱国主义的大旗，我们的民族骨子里有浓厚的爱国意识。中国人始终将"国"与"家"紧紧联系在一起，我们将"国"称为国家或者家国。在我们的意识里，有国才有家，爱家应爱国，爱国精神薪火相传，那一千多年前的人又是怎么说的呢？请大家读这首诗——陆游的《示儿》。

死去元知万事空。

但悲不见九州同。

王师北定中原日。

家祭无忘告乃翁。

读了《示儿》，你认为这首诗是写给谁看的？（结合诗题，给儿子看的）

再出示其他几首"示儿"。

①闻义贵能徙，见贤思与齐。

②愿儿力耕足衣食，读书万卷真何益。

③纸上得来终觉浅，绝知此事要躬行。

问：这些"示儿"诗，陆游在跟儿子说什么？这是一位怎样的父亲？

再读《示儿》，这首诗是什么时候写的？

答：陆游临终前。

2. 阅读材料，感受陆游的人生际遇。

（1）读了《示儿》，你认为这首诗的情感是什么？能从诗中看出来吗？

悲！请从材料一中找出，陆游为_____而悲！

问：陆游临终前，他是不是还有什么愿望？

（2）请同学们再读一读材料一（陆游生平），说一说陆游为了实现国家统一的愿望作了哪些努力？

发奋读书、广交名士、勤练武艺、热情不减、初心不改。

少年：上马击狂胡，下马草军书。

中年：京华结交尽奇士，意气相期共生死。

暮年：僵卧孤村不自哀，尚思为国戍轮台。

临终：王师北定中原日，家祭无忘告乃翁。

陆游是一个什么样的人？爱国。

3. 阅读《礼记·大学》语段。

（1）读一读《礼记·大学》，你认为这段话想表达什么呢？

古之欲明明德于天下者，先治其国；欲治其国者，先齐其家；欲齐其家者，先修其身；欲修其身者，先正其心；欲正其心者，先诚其意；欲诚其意者，先致其知，致知在格物。

引导学生结合注释，知其大意。

一个爱国人要怎么做？（修身、齐家、治国、平天下）

（2）陆游是不是按照《礼记·大学》的要求去做的？

一个爱国的人必须先修身、齐家，再治国、平天下！所以他严格要求自己、严格要求家人，一生以"收复中原、国家统一"为己任。

但是，陆游的愿望实现了吗？他是否已经绝望？

4. 阅读全部材料，感受陆游的家国情怀。

（1）阅读材料，找出依据。

（2）改一改《示儿》第三句，"王师若定中原日"好不好？为什么？（原句是表达坚定的信心）

（3）学生读材料四，说一说陆游为什么坚信一定能实现国家统一的愿望。

问：中国历史上有许许多多像他这样的人，你都知道还有谁？学生答后总结：只要有这些人，国家就有希望。

（4）问：最后这首《示儿》只是给自己儿子的遗书吗？

总结：教育孩子要完成国家统一的愿望，告诉孩子什么是合格的、爱国的中华儿女。

5. 观看《国家》视频，聆听总书记关于"爱国"的教诲。

问：作为新时代的中国少年，我们应该怎么做呢？

每一个中国人都应该热爱自己的祖国，都应该具有这样的"家国情怀（板书）"。

三、联系现实，践行观念

1. 少年强则国强。作为少年，我们是祖国的未来和希望，肩负着中华民族伟大复兴的使命，现阶段的我们该怎样做呢？（努力学习文化知识、爱护家人、培养美好的品德、养成良好的习惯……）

2．体验馆：学校举行升国旗仪式时，你旁边的两位同学没唱国歌，还悄悄说话。你会怎么做？

3．总结：愿大家都能做一名合格的、爱国的中国人，家国情怀，舍我其谁！

④ 课堂实录

学习内容

古诗《示儿》、文言文:《礼记·大学》语段。

学习目标

1. 能读准、读通、读懂古诗、文言文。感受文言文的语言风格。背诵相关金句。
2. 结合文言文内容,理解"家国情怀"的中华优秀传统文化。
3. 联系现实生活实际,传承"家国情怀"的中华文化。

教学重难点

教学重点:在梳理文言文内容的过程中,理解"家国情怀"的文化内核。

教学难点:读准、读通、读懂文言文的内容,感受文言文的语言风格。

教学时间

1课时。

教学过程

一、组词导入，激活思维

（一）"国"字组词，引入主题

师：同学们，这是我们今天要学的课题，国。看到这个字我们不陌生，现在玩一个最简单的游戏，一、二年级都会！组词。哪位同学能用它来组个词？

生：国际。

师：好的，请你把你组的词写到黑板上，这个词非常好。我们深圳的小学生应当具备国际视野。

生：国歌。

师：国歌，我们每周都要唱的国歌，也请你也上去写一写。

生：国家。

师：非常好！有国才有家。

生：国旗。

师：迎风飘扬的五星红旗，把国旗写上去。

生：爱国。

师：老师看得出，你从小就有一颗爱国心。

生：祖国。

师：是的，我们都是中国人，中国就是我们的祖国。

生：精忠报国。

师：哇！是个成语。还有哪位同学能说成语？

生：国破家亡。

师：落后就要挨打，希望我们永远不再有那一天！

生：家国情怀。

师：很好！你一定是认真做了预习，才会想到这个词。

（二）"国"字演变过程，借助变化，理解字义

师：同学们刚用"国"组了很多词语，"国"在你们的词语里，也在你们的心中，那古人是怎样写国的呢？

师出示甲骨文的"国"。

师：这是甲骨文的"国"，你们知道意思吗？

生：是用兵器守护着领土。

师：对，这就是国字最初的含义，接下来我们看看"国"从古至今不同的含义。

师出示课件："国"字演变的视频。

师：看了视频，我们了解到"国"在不同时期的不同写法和含义，据统计，"国"字有近40种写法。

【教学意图】

　　此环节，主要是激发学生学习的兴趣，通过用"国"组词调动出学生对"国"的已有理解，学习从"散漫"开始，为后面逐步走向"惊人"铺垫；再通过视频让学生了解到"国"的不同写法和含义代表着各个时期社会主流价值观的历史衍变，也感受到人们对国家寄予的热爱和期望。

二、阅读文本，建构认知

我们中国现在有"社会主义核心价值观"，这里有没有哪位同学写到的？

生：爱国。

师：我们中华民族素来就有爱国主义的"家国情怀"，爱国主义是我们中华民族民族精神的核心，那么我们今天就要来看一看古时候的人怎样表达自己的爱国心。现在我们先看一首诗：

示儿　　宋·陆游
死去元知万事空，但悲不见九州同。
王师北定中原日，家祭无忘告乃翁。

生齐读。

师：平仄读得非常好，如果再加一点点感情那就更好了，我们稍微把声音放低一点点，再读一遍。

师：通过这个诗题，我们看看这首诗是陆游写给谁的？

生：陆游写给他儿子的。

师：陆游一生写了很多首诗给他的儿子，大家再读读这几句。

闻义贵能徙，见贤思与齐。

愿儿力耕足衣食，读书万卷真何益。

纸上得来终觉浅，绝知此事要躬行。

生齐读。

师：现在我们结合着字面的意思，猜一猜这些"示儿"诗，陆游在跟儿子说什么？

生：第一句，陆游是想让儿子养成谦虚好学的品格。

师：说得好，见贤思齐焉。那第二句呢？

生：第二句是想表达，让儿子要勤劳、爱学习。

师：好习惯需要养成！那第三句呢？

生：不能只学书上的知识，还要亲身实践证明真理。

师：说得对，就像我们这节课，最后学完之后，老师也要让大家去实践，就是这个道理啊！那么陆游写了这么多的"示儿"的诗，你觉得陆游是一个什么样的父亲呢？

生：他是一个负责任的、辛苦的父亲。

师：关注孩子的学习和劳动，的确是负责任的父亲！还能想到哪些词表扬一下陆游？

生：他是慈爱的父亲。

师：始终保持对子女的关心，就是一种慈爱，陆游是一个爱家人的人哪！那我们看这首诗（死去元知万事空），是陆游什么时候写的？

生：陆游临终前。

师：我们带着他对儿子的期盼，再读一遍吧。

（生读）

师：通过诵读，我们就可以感受到整首诗的这个气氛是怎么样的？

生：悲伤。

师：请同学们读一读材料一和材料三，小组合作，讨论一下：陆游为何而悲？

（学生先自我圈画材料，再组内讨论交流）

生：陆游为没有见到九州统一的那一天而悲。

师：是啊，当时山河破碎，没有见到国家统一，含恨而终。

生：陆游为抗金大业没有完成而悲。

师：陆游终其一生都想要收复中原，可惜啊。

生：他为了那千千万万家破人亡的孩子而悲。

师：国破家亡啊，你关注到了许许多多像你一样年纪的那些可怜的孩子。真有爱心。那么，陆游为了实现国家统一这个愿望，作了哪些努力？请大家再读读材料一，小组合作讨论。

生：陆游少年的时候发奋读书。

师：任何时候都要先学习文化知识。还有吗？

生：他抗积极参加抗金的组织，勤学武艺。

生：他不断地找，寻求征战沙场的机会，始终抱有祖国统一的理想信念。

生：跟自己志同道合的人在一起，想着为大宋王朝一雪前耻。

师：同学们都说得非常好，他所有的努力，就是为了实现自己的愿望——国家统一。

【教学意图】

　　五年级的学生对爱国概念仍然是比较模糊的，就需要举例说明。陆游是著名的爱国诗人，在讲解《示儿》的过程中，插入陆游的生平故事。学生通过诵读出古诗的平仄，充分感受了陆游诗中的"悲伤""愿望"以及对儿子的期许，自然而然地引出后面的"修齐治平"，从古诗到古文，理解和传承中华民族的爱国主义精神。

师：尽管陆游遭遇了很多的挫折，但是陆游始终初心不改。那么，陆游为什么会有这种信念坚持着要国家统一呢？想要弄明白，我们就得把时间再往前倒退一千年，去《大学·礼记》中找。来，同学们试着把这句话读正确、流利。

（生读）

古之欲明明德于天下者，先治其国；欲治其国者，先齐其家；欲齐其家者，先修其身；欲修其身者，先正其心；欲正其心者，先诚其意；欲诚其意者，先致其知，致知在格物。

（引导学生结合注释，知其大意。）

师：一个爱国人要怎么做？（修身、齐家、治国、平天下）

【教学意图】

让学生自主地一步步读准、读通、读懂文言文。学生读着读着，自然而然地感受了文言文的语言，背诵了金句，理解和传承中华优秀传统文化。同时还联系生活实际，知道了在平时要强身健体，尊敬长辈，不懈奋斗，长大为建设祖国出力，为培育和践行社会主义核心价值观铺垫。

师：弄明白了这个道理，现在回到陆游。他少年的时候发奋读书，然后广交名士，这一系列的过程可以称为什么？

生：修身。

师：在当了父亲之后，他关心儿子们的学习，关心儿子们的劳作，关心儿子们的实践，这就是在——

生：齐家。

师：临终之前对儿子说的话还是在齐家。而且他还在想着他的愿望，实现国家的统一，那就是？

生：治国，平天下。

师：陆游的这个愿望实现了吗？

生：没有。

师：所以他可以说是含恨而终。尽管这样，我们来猜一下，陆游是否已经绝望了？

生：没有！因为，他还在等他儿子们，将来给他扫墓的那一天，让他儿子告诉自己王师已经北定中原，那一天终究会到来的。

师：假如他的儿子们也看不到那一天了呢？

生：因为他知道他自己的子子孙孙，一定会有北定中原的那一天。

师：所以，第三句诗，体现出了对北定中原的？

生：坚定信念！

师：同学们刚才说得都非常好，但是我们仍然在猜，现在我们还是要再找一些具体的证据。请同学们现在打开材料四，读一读，找一找陆游为什么坚信一定能够实现国家统一。先自己阅读，再小组合作讨论。

（学生阅读材料，小组合作学习）

师：同学们，现在根据老师给的提示：陆游也许想到了什么，所以他坚信一定能够实现国家统一？

生：他也许想到了范仲淹的"先天下之忧而忧，后天下之乐而乐"。

师：陆游是南宋的，他想到了北宋的前辈范仲淹的这句话。自古以来，总有忧国忧民的人会为国家出力。

生：他也许想到了王昌龄说的：黄沙百战穿金甲，不破楼兰终不还。

师：自古以来就有为国出力、为国牺牲的人。陆游去世以后，还有这样的人吗？

生：黄继光。

师：没错，舍身堵枪眼的黄继光也是这样的！

生：钱学森。

师：了不起！我们的"导弹之父"也是冲破了重重阻挠，回到了祖国。我们看中华民族素有家国情怀，一代又一代的人，都在为了国家的统一而前赴后继！所以陆游临终前写的这首诗，只是给他的儿子看的吗？如果把他改一个题目，你认为这是在"示……"？

生：示中华儿女！

师：把最热烈的掌声送给她！这是告诉我们每一个中国人，一定要怀有家国情怀，把祖国的统一放在心上，做一个什么样的人？

生：爱国！

师：为了表达"示中华儿女"的决心，我们想象着陆游临终前的嘱托，吟唱一遍。

（生吟唱）

师：从同学们的吟唱中，我已经感受到了你们一定是爱国的好孩子。现在让我们来观看《国家》视频，聆听总书记关于"爱国"的教诲。

（师生齐看）

【教学意图】

《国家》的歌声配上自民国以来至新中国成立，一些仁人志士坚贞不屈、为国奉献的场景，以此激发学生的爱国情，此环节也达到了情感和思维的双沸腾，为后面谈如何践行"爱国"创设了情境，立意深远。

三、联系现实，践行观念

师：看了视频，结合我们前面的学习，作为新时代的中国少年，要爱国，要具有家国情怀，首先要做到什么？

生：修身。

师：联系一下我们生活实际，关于修身，我们可以做到哪些事情？

生：我们可以好好学习，要有抱负。还要体谅父母，让父母少操心。

师：你和陆游一样，从小发奋读书。你也做了齐家的一部分，就是为父母减轻负担，你已经有齐家的觉悟了啊！修身还可以做什么？

生：练得一身武艺。

师：练得一身武艺倒可以，但是呢，我觉得你可以改一下，我们跟我们学校（深圳市罗芳小学）结合起来，练就一下什么艺？

生：体艺。

师：对了，我们倡导在小学六年掌握多项体艺技能。武艺不一定练就，但是体艺是可以的。

生：可以学习道理、养成良好的习惯。

师：非常好，和我们学校的"好习惯养成"联系起来了！我们小学12个学期，每个学期要养成一种习惯，我们每个学期都领养好习惯。

一词一句一古文

现在老师教大家一个最朴素的爱国事情：每周一升旗仪式上，我们要自豪地、大声地、热情地把国歌唱出来，能做到吗？

生：能。

师：老师相信大家都能做到。现在老师想再考考大家，假如，在升旗仪式的时候，有人在窃窃私语，你会怎么做呢？

（生自由发言）

师：今天我们学习了爱国这个主题，我们要记住家国情怀，我们更要记住陆游，记住那些曾经为国家抛头颅、洒热血的人。愿大家都能做一名合格的、爱国的中国人。每一个中国人都应该热爱自己的祖国，都应该具有这样的"家国情怀（板书）"。下课！

【教学意图】

　　爱国是社会主义核心价值观个人层面的第一个词，所以爱国要从修身做起。课堂中通过联系陆游一家、古往今来的仁人志士，再结合罗芳小学"一生多体艺"和"好习惯养成"的理念，拉近与学生的距离，又动态地融合学习内容，让学生真真切切地感悟到了"家国情怀"的源远流长。

【教学后记】

　　本课选用了古诗加古文，分别选自《示儿》及其他爱国群诗、《礼记·大学》，可以从中感受古人家国同构的"家国情怀"精神。它镌刻在中华儿女的血脉之中，中华民族、中华文化因此千古未绝，传承而兴，举世无双。

　　本课从"国"的字形演变说起，向孩子们介绍了从古至今多种"国"字的写法——一框之内，时代不同，文字不同，有"王"填于其中，有"民"填于其中，亦有"玉"填于其中，代表着各个时期社会主流价值观的历史衍变。接着以陆游《示儿》一诗红线串珠，深度挖掘其中的爱国情怀，旁征博引，层层递进。随着深入学习，学生在一次次的吟诵中渐入情境，感受陆游作诗时无处消散的"悲"与"恨"；在历史资料中追根溯源，在头脑中塑造了形象立体、性格丰满的陆游，他是忠义之士，是拳拳赤子，是爱国诗人，也是垂暮的父亲。学生们读出了他的希望，读出了他的无奈，更读出了他坚定不移的信念，并在接连两次吟唱中将这种情感推至顶峰。紧接着，通过呈现含有爱国情怀的诗句、《礼记·大学》道出了国家和个体之间相互依存、密不可分的关系，也道出了最深刻的爱国理由。临近末尾，回归当下，紧扣时代脉搏，引用习近平总书记关于爱国主义的话语，联系社会主义核心价值观"爱国"方面，引发同学们关于"作为风华正茂当代少年如何践行爱国"的热烈讨论。

由"知"到"行"的转化是一堂语文课的最终目标。语文课堂可以切实培育学生的价值观，但"践行"才能不让价值观成为空中楼阁。从议题到主题再到课程，学生最重要的是做到"知行合一"，要重视体验的重要性，只有最终落到实处的才可谓之"成长"。

本节课深入浅出，将原本深奥抽象的知识用简明化的故事、系统化的语言表达，不仅坚持儿童立场，遵循儿童认知特点，而且科学有序地安排内容，以适宜生动的方式开展愉悦的学习活动。

第十课

知行合一

知　知　知　知　知　知
飛　行　銜　知　行　行
　　　　行　り

【知行】

知

知：会意字，从矢（箭）从口，对熟识的事物像箭似的脱口而出。表示懂得、知道。在远古时代，弯弓射箭是成年人的基本常识和重要经验。

行：象形字，三千多年前"行"字的图形文字是一个十字路口。

① 学习内容

▶ 材料一：纸上谈兵

赵括自少时学兵法，言兵事，以天下莫能当。尝与其父奢言兵事，奢不能难，不谓善。括母问奢其故，奢曰："兵，死地也，而括易言之。使赵不将括，即已；若必将之，破赵军者必括也！"

赵括既代廉颇，悉更约束，易置军吏。秦将白起闻之，纵奇兵，佯败走，而绝其粮道，分断其军为二，士卒离心。四十余日，军饿，赵括出锐卒自搏战，秦军射杀赵括。

括军败，数十万之众遂降秦，秦悉坑之。

【注释】

言兵事：议论用兵打仗的事。
当：抵挡。
难：驳倒。
善：夸奖、称赞。
约束：规矩。
易置：撤换。
纵奇兵：调遣派出变化莫测的军队。

▶ 材料二

在三国时期的赤壁之战中，曹操率领的北方军队兵力远胜于孙权和刘备的联军。然而，曹操在战争中过于自信，没有充分认识到南方水军的优势，也没有对黄盖等将领的诈降之计进行充分考察和防范，导致曹操在赤壁之战中遭到惨败。

▶ 材料三

知与行，工夫须著并到。知之愈明，则行之愈笃；行之愈笃，则知之益明。二者皆不可偏废。

——《朱子语类》卷十四《大学一》

【注释】

知之愈明：理解得越清楚。

行之愈笃：实践得越扎实。

偏废：重视某一方面而忽视或废弃另一方面。

【译文】

　　认识和实践两者的功夫要一起用，知道得越明白，理解得越透彻，那么行动起来就越坚定不移，行动得越是坚定不移，那么对事物的理解和认识就会更深、更透彻。两者不可以偏向其中一个放弃另一个。

材料四

　　先生曰："未有知而不行者。知而不行，只是未知。知者行之始，行者知之成。只说一个知，已自有行在，只说一个行，已自有知在……某今说个知行合一，正是对病的药，又不是某凿空杜撰（zhuàn），知行本体原是如此。"

——《传习录》

【译文】

　　先生说："没有知而不行的事。知而不行，就是没有真正明白。我曾说知是行的主意，行是知的功夫；知是行的初始，行是知的结果。如果深谙知行之理，若说知，行已自在其中了；若说行，知也自在其中了……我现在说知行合一，正是对症下药，这并非我凭空捏造，知行本体本来就是这样。"

自学要求

1. 想想用"知"与"行"字能组哪些词。
2. 阅读材料一，思考"知"虽重要，但若"知"脱离"行"，则_____。
3. 阅读材料二，思考"行"虽重要，但若"行"脱离"知"，则_____。
4. 阅读材料三和材料四，思考"知"与"行"的关系，画出表示知与行关系的一句话，并说说理解。
5. 反复朗读文言文，读准生僻字，读通句子。留意"注释"和"译文"，了解文言文的大致意思。
6. 想一个生活中与文言文里类似的事例。

3 教学设计

学习内容

文言文《纸上谈兵》,《朱子语类》语段,《传习录》语段。

学习目标

1. 读通、读顺两段文言文,积累相关文化金句。
2. 学习文言文,理解"知行合一"的中华优秀传统文化。
3. 联系生活实际,践行并传承"知行合一"的中华优秀传统文化。

教学重难点

教学重点:通过梳理、学习两段文言文,理解并践行"知行合一"。
教学难点:读通、读懂两段文言文。

教学时间

1 课时。

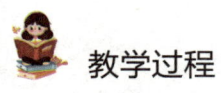

教学过程

一、话题初现,引入新课

1. 联系学生生活,初步引出生活中知行不一的例子。
2. 针对现象,激发共鸣,发表见解。
3. 借助古文字理解"知"与"行"的字面意思。

二、初步辨析，感悟知行

1. 故事屋一：《纸上谈兵》。

（1）借助注释了解大意，完成：如果知脱离了行，则会导致_____。

（2）朗读陆游的古诗《冬夜读书示子聿》：纸上得来终觉浅，绝知此事要躬行。

2. 故事屋二：《赤壁之战》。

（1）了解故事大意，完成：如果行脱离了知，则会导致_____。

（2）朗读陆游的古诗《冬夜示子聿》：古人学问无遗力，少年工夫老始成。

3. 初步交流知和行的关系，出示：知而不行非真知，行而不知是盲行。

三、学习古文，故事明理

（一）学习《朱子语类》语段

1. 生借助学习单学习语段。

> 知与行，工夫须著并到。知之愈明，则行之愈笃；行之愈笃，则知之益明。二者皆不可偏废。
> ——《朱子语类》卷十四《大学一》

2. 学生用"＿＿"画出表示知与行关系的一句话，并说说理解。

3. 课件出示"知之愈明，则行之愈笃；行之愈笃，则知之益明"。学生多形式朗读，积累金句。

（二）学习《朱子语类》语段

1. 生借助学习单自主学习，读通、读懂语段。

> 先生曰："未有知而不行者。知而不行，只是未知。知者行之始，行者知之成。只说一个知，已自有行在，只说一个行，已自有知在……某今说个知行合一，正是对病的药，又不是某凿空杜撰，知行本体原是如此。"
> ——《传习录》

2. 学生用"＿＿＿"画出表示知与行关系的一句话，并说说理解。

3．课件出示"知者行之始，行者知之成"。学生多形式朗读，积累金句。

4．学生用"＿＿＿"画出表示知与行关系的一个词。

四、古今链接，升华认知

1．生读古人、袁隆平、陶行知知行合一的故事，从他们身上汲取力量，谈一谈生活当中父母知行合一的例子。

2．根据所学古文，再谈谈对课堂伊始几个学习生活中知行不一的现象的见解，运用所学内容提出解决方案。

3．感受"知行合一"的文化传承，体悟社会主义核心价值观中的"敬业"。

五、生活实践，知行合一

1．自由讨论，学生的"敬业"为专注于学业，并丰富学业的内涵。

2．发起"最美奋斗者"行动，倡议学生在学习生活中做到知行合一。

④ 课堂实录

一、话题初现，引入新课

师：上课。同学们好！

生：老师好！

师：请坐。我们是六年级的同学，最近，也有一位六年级的同学向我倾诉他的烦恼。请看大屏幕。谁来读？

生1：我知道按时完成作业的重要性，可是在实际的生活和学习中还是会拖拖拉拉。

生2：我不清楚体育锻炼前规范的热身方法，导致锻炼时频频受伤。

生3：我知道"业精于勤而荒于嬉"，但是一有空余时间，我偶尔还是控制不住自己打游戏的时间。

生4：我在学习过程中常常死记硬背，但记住的东西很快就忘了。

师：你们有同样的烦恼吗？有第一种烦恼的请举手。第二种？第三种呢？第四种呢？

（生逐一举手后）

师：我们今天一起来探讨"知与行"这个话题，看看是否能帮助他解决这些问题。

【教学意图】

通过分享同年级学生的案例，导入新课，一瞬间拉近本节课与学生的心理距离。同时让学生对照自身，根据案例中的困惑举手。为后面的学习作一个有意义的铺垫。

二、初步辨析，感悟知行

师：观察"知"的古文字，你有什么发现？

生：左边有一把箭，右边有一张嘴。表示知道的东西能像箭一样脱口而出。

师：你们能用"知"组词吗？

生：知道。

师：真好。请你将这个词写到课题"知"的下方。

生：知晓。

师：请你上去写。

生：认知。

师：请你上去写。

师：请看"行"的古文字。谁又有发现？

生："行"的古文字就像个十字马路。

师：是的。那你们能给行组个词吗？

生：行走。

师：请你将这个词写到课题"行"的下方。

生：行动。

师：请你上去写。

生：行为。

师：请你上去写。

【教学意图】
揭示课题后，通过古文字和组词，让学生明晰课题内涵。

三、学习古文，故事明理

师：知与行到底是怎样的关系呢？我们先来看一个故事。

📖 学生独自阅读以下材料

材料一：纸上谈兵

赵括自少时学兵法，言兵事，以天下莫能当。尝与其父奢言兵事，奢不能难，不谓善。括母问奢其故，奢曰："兵，死地也，而括易言之。使赵不将括，即已；若必将之，破赵军者必括也！"

赵括既代廉颇，悉更约束，易置军吏。秦将白起闻之，纵奇兵，佯败走，而绝其粮道，分断其军为二，士卒离心。四十余日，军饿，赵括出锐卒自搏战，秦军射杀赵括。

括军败，数十万之众遂降秦，秦悉坑之。

【注释】

言兵事：议论用兵打仗的事。　　当：抵挡。　　难：驳倒。
善：夸奖、称赞。　　　　　　约束：规矩。　　易置：撤换。
纵奇兵：调遣派出变化莫测的军队。

师：谁来读？

师：这个故事想必大家都知道。通过这个故事，我们知道："知"虽重要，但若"知"脱离"行"，则_____。

生1："知"虽重要，但若"知"脱离"行"，则变成空谈。

生2："知"虽重要，但若"知"脱离"行"，则只是纸上谈兵，最终走向失败。

师：很好。正如陆游在《冬夜读书示子聿》中这样说道："纸上得来终觉浅，绝知此事要躬行。"（生齐读）

师：下面我们再来看一个故事。

▶ 材料二

在三国时期的赤壁之战中，曹操率领的北方军队兵力远胜于孙权和刘备的联军。然而，曹操在战争中过于自信，没有充分认识到南方水军的优势，也没有对黄盖等将领的诈降之计进行充分考察和防范，导致曹操在赤壁之战中遭到惨败。

师："行"虽重要，但若"行"脱离"知"，则_____。

生1："行"虽重要，但若"行"脱离"知"，则惨遭失败。

生2："行"虽重要，但若"行"脱离"知"，则变得盲目没有方向。

师：是的。陆游在《冬夜读书示子聿》中这样说道："古人学问无遗力，少壮工夫老始成。"（生齐读）

生（齐读）：知而不行非真知，行而不知是盲行。

【教学意图】

通过故事学习，让学生辩证看待"知"与"行"，再学习古文，水到渠成。

四、古今链接，升华认知

师：关于知与行的关系，历来有众多的讨论。我们先看看南宋理学家朱熹怎么说。自学时请注意：1. 朗读文言语段，读正确、读通顺。2. 用"＿＿＿＿"画出表示知与行关系的一句话，并说说理解。

> 学生独自阅读以下材料

材料三

> 知与行，工夫须著并到。知之愈明，则行之愈笃；行之愈笃，则知之益明。二者皆不可偏废。
> ——《朱子语类》卷十四《大学一》

师：都读完了吗？谁来读一读这一段话？
师：谁画出了知与行关系的句子？
生：知之愈明，则行之愈笃；行之愈笃，则知之益明。
师：你能用自己的话说说吗？
生：知道得越清楚，行动就越扎实；行动得越扎实，知道得就越清楚。
师：三百多年后，王阳明先生发展了这个理论。

> 学生独自阅读以下材料

材料四

> 先生曰："未有知而不行者。知而不行，只是未知。知者行之始，行者知之成。只说一个知，已自有行在，只说一个行，已自有知在……某今说个知行合一，正是对病的药，又不是某凿空杜撰，知行本体原是如此。"
> ——《传习录》

材料五

师：请5位同学来接龙读一读王阳明先生的话。
师：关于知与行的关系，这段话中是怎么说的？谁能找出一句话概括？

生：知者行之始，行者知之成。

师：你能用自己的话说说吗？

生：知道是行动的开始，行动是知道的结果。

师：关于知与行，文中用一个词就足以总结。谁能找到？

生：知行合一。

师：古往今来，有许多关于知行合一的故事。如囊萤映雪、凿壁偷光、临池学书、闻鸡起舞。在现代，还有袁隆平爷爷的故事、陶行知改名的故事。你能说说他们是如何做到知行合一的吗？

生1：袁隆平爷爷毕生研究杂交水稻技术，将自己所学习的知识在实践中反复验证，最后为人类做出巨大的贡献。

生2：陶行知先生先后两次改名，可见一直在研究知与行的关系，并且在他一生的实践中反复践行。

师：现在，你们能用今天所学的内容为课程伊始出现的问题提出解决方案吗？

生1：我们可以在做锻炼前先了解所做运动项目的相关知识，运动前做好拉伸，以免受伤。因为"知是行之始"。

生2：我们都深知学习和作业的重要性，但是面对实际情况时，常常因为拖延无法达成。我们可以制定相关的规划，将大的目标拆解成小的目标，用"知"指导我们的行动，再用行动去践行我们的"知"。

……

师：各行各业的人们做到知行合一，他们在自己的行业中就做到了敬业。

【教学意图】

通过由古到今的事例，一步步走进学生内心，最后明了知行合一与"敬业"的关系。

五、生活实践，知行合一

1. 自由讨论，学生的"敬业"为专注于学业，并丰富学业的内涵。
2. 发起"最美奋斗者"行动，倡议学生在学习生活中做到知行合一。

师：各行各业的人们做到知行合一，他们在自己的行业中就做到了敬业。

【教学意图】

联系学生自身的生活，讲明白学生的敬业为何，发起"最美奋斗者"行动，践行知行合一。

【教学后记】

1．让课堂走进学生内心。课前导入通过讲述同龄学生的困惑，创设真实的学习情境，一下子拉近学生与课堂的距离，而课题"知与行"也在悄然走进学生的内心。学生在通过课堂学习后，在帮助同学解决困惑的同时，其实是在直面自己的内心，解答自己内心的困惑。

2．让学习真正发生。知与行的关系究竟如何？课堂上并不是简单地说教，也不是直接出示古文让学生生搬硬套，而是通过研读故事，明了"知而不行非真知，行而不知为盲行"，再通过古文学习进一步巩固认知，最后为案例中的同龄人解答困惑，课堂上真正实现学生的生长，真正实践"知行合一"。

第十一课

无信不立

信

【信】

"信"原字左边是人,右边上面为"辛"、下面为"口"。意思是一个人,说出去的话,哪怕历经千辛万苦,也要做到。即"言必信"。

1 学习内容

▶ 材料一：子贡问政

　　子贡，姓端木名赐，是孔子的得意门生，"孔门十哲"之一。要知道，孔子有弟子三千人呢！能被纳入"孔门十哲"，可见其学问、能力不一般。这个人不但能把生意做得风生水起，给后世留下了"端木遗风"的美谈，而且学问造诣很深，在求学问道上总有一股刨根问底的执着劲儿。

　　有一段时间，子贡一直在思考关于治国理政的问题，但苦思冥想却不得其法，于是他便找到孔子，恭敬地请教道："老师，有一个问题一直困扰我，我日思夜想，却百思不得其解。"孔子听后，微微一笑："不妨说来听听，我们一起探讨吧！"子贡一步上前，面露困惑之意："老师，一个国家若想国泰民安，需要哪些条件呢？"

> 子贡问政。
> 子曰："足食，足兵，民信之矣。"
> 子贡曰："必不得已而去，于斯三者何先？"
> 曰："去兵。"
> 子贡曰："必不得已而去，于斯二者何先？"
> 曰："去食。自古皆有死，民无信不立。"
>
> ——《论语·颜渊》

【注释】

子贡：孔子的弟子。　　问：请教。
政：治理国家的方法。　　足：使充足。
食：粮食。　　兵：军队，战备，兵力。

思考：1. 孔子认为治国理政最重要的是什么？
　　　2. 子贡是怎样问的？孔子是怎样回答的？
　　　3. 你能把这段话的完整意思说给大家听吗？
　　　4. 联系生活实际：生活中，真的是这样吗？

▶ 材料二：习语用典

> 诚信者，天下之结也。
>
> ——《管子·枢（shū）言》

管子非常重视诚信，在《管子》一书中有大量篇幅从不同角度论述了诚信。《管子·乘马》说："非诚贾（gǔ，古代对商人的称呼）不得食于贾，非诚工不得食于工，非诚农不得食于农，非信士不得立于朝。"强调士农工商都要讲诚信，否则就无法立足于本行业。

▶ 材料三：诚信故事

送东阳马生序

> 余幼时即嗜学。家贫，无从致书以观，每假借于藏书之家，手字笔录，记日以还。天大寒，砚冰坚，手指不可屈伸，弗之怠。录毕，送走之，不敢稍逾约。
>
> ——〔明〕宋濂

【注释】

公元1378年（明洪武十一年），宋濂告老还乡的第二年，应诏从家乡浦江（今浙江省浦江县）到应天（今江苏南京）去朝见，同乡晚辈马君则前来拜访，宋濂写下了此篇赠序。

余：我。　　　　　　　　　　　计日以还：计算着日期按时送还。

砚冰坚：砚台里的墨汁结了冰。　　逾约：超过约定的期限。

魏文侯与虞人狩猎

> 魏文侯与虞人期猎。是日，饮酒乐，天雨。文侯将出，左右曰："今日饮酒乐，天又雨，公将焉之？"文侯曰："吾与虞人期猎，虽乐，岂可不一会期哉！"乃往，身自罢之。
>
> ——《战国策·魏策一》

【注释】

虞人：专门管理山林、川泽的官员。　　期猎：约定好打猎时间。

是：这。　　左右：随从的侍臣。

焉：哪里。　　身自罢之：亲自取消打猎。

商鞅立木

令既具，未布，恐民之不信，乃立三丈之木于国都市南门，募民有能徙置北门者，予十金。民怪之，莫敢徙。复曰："能徙者予五十金。"有一人徙之，辄予五十金，以明不欺。卒下令。

——《史记·商君列传》

【注释】

令既具：商鞅变法的条令已准备就绪。

布：公布。

募民有能徙置北门者：招募能把木头搬到北门的人。

怪：奇怪。

辄予：就给。

卒下令：最终顺利颁布变法的条令。

温馨提示：请以小组为单位完成下列活动。

活动一（口头表达）：请在组长的带领下，通过联系上下文、同伴互助、请教老师等方式读懂三则文言文，并以小组形式上台进行故事内容分享。

活动二（阅读理解）：请分别从上述文言文中找出体现作者诚信品质的句子，并就任意一则材料写下自己的体会。

活动三（思考预测）：不敢稍稍超过约定的期限的宋濂、亲自告知虞人取消打猎的魏文侯，以及想要获得民众信任立木赏金的商鞅，拥有诚信品质的他们都有哪些成就呢？请你预测。

② 自学要求

1. 想想用"信"字能组哪些词。
2. 阅读材料一和材料二,思考什么是"诚信"。把你的依据画出来。
3. 反复朗读三个与诚信有关的文言文故事,读准生僻字,读通句子,完成三项活动内容。
4. 想一个在生活或学习中践行诚信的事例。

3 教学设计

学习内容

文言文:《论语·颜渊》《管子·枢言》《送东阳马生序》《魏文侯与虞人期猎》《商鞅立木》语段。

学习目标

1. 能读准、读通、读懂三则材料。感受文言文的语言风格。背诵相关金句。
2. 结合文言文内容及诚信故事，理解"诚实守信"的中华优秀传统文化。
3. 联系生活实际培育和践行社会主义核心价值观——"诚信"。

教学重难点

教学重点：在梳理文言文内容的过程中，理解"诚实守信"的文化内核。

教学难点：读准、读通、读懂文言文的内容，感受文言文的语言风格。

教学时间

1课时。

教学过程

一、视频导入，激活思维

1. 播放视频：同学们，2023年5月22日，由中国公共关系协会和汉中市人民政府共同主办的2023"一带一路"年度汉字发布活动在陕西汉中举行，揭晓"信"字为2023"一带一路"年度汉字。我们一起回看一下当时的视频……

一个"信"字荏苒千年，发展变化（板书"信"）。你可以用"信"组词吗？

相信、信心、信用、自信、不信、信封、书信、半信半疑、信守、信奉、信任、信息、信箱、笃信、信笺、信誓旦旦、难以置信、密信、宠信、信步……

2. 出示金文：信〔会意兼形声字：楚国的字形"18"从言，千声；秦汉文字则从人、言，或仁、言，会人言可信之意，人（仁）亦声。什么意思？〕

目前发现最早的"信"字见于金文，左边一个人右边一个口，后来在演变的过程中，在右边的口字上面又增加了一个"辛"字，表示"信"就是说出的话，即使再辛苦，也要做到。

二、阅读文本，建构认知

阅读《论语·颜渊》语段。

中国汉字近十万，常用字五千，为什么"一带一路"年度汉字会选择"信"字？这个字背后一定藏有深厚的中国文化。请大家拿起文稿，读一读。

（学生读完后）

（1）读了《论语·颜渊》的请举手！读完材料一，你觉得孔子认为治国理政最重要的是什么？你的依据是什么（可用文本原句说明）？

（2）其中，子贡是怎么问的？孔子是怎么答的？（动态产生，三问三答）

①领读，分角色读，文中有三问三答。

②谁能把这段话的意思完整地说给大家？

③联系生活谈体会：生活中，真是这样的吗？

三、积累素材，感悟真知

1. 书本里的诚信。

师：在我们以往的课文学习过程中，都能找到"诚信"的身影。请看——

课件出示《灰雀》《我不能失信》"诚信"名篇以及二上第二单元、二下第四单元日积月累、五下第二单元《猴王出世》中的"诚信"名句。

2. 生活里的诚信。

提问：哪里还能寻得"诚信"的踪迹？学生集思广益并发现：传统故事中、公益广告中、社会主义核心价值观中都能寻得"诚信"的踪迹。

3. 典籍里的诚信。

▶ 材料一：送东阳马生序

> 余幼时即嗜学。家贫，无从致书以观，每假借于藏书之家，手字笔录，记日以还。天大寒，砚冰坚，手指不可屈伸，弗之怠。录毕，送走之，不敢稍逾约。
>
> ——〔明〕宋濂

注释

公元1378年（明洪武十一年），宋濂告老还乡的第二年，应诏从家乡浦江（今浙江省浦江县）到应天（今江苏南京）去朝见，同乡晚辈马君则前来拜访，宋濂写下了此篇赠序。

余：我。　　　　　　　　　　计日以还：计算着日期按时送还。

砚冰坚：砚台里的墨汁结了冰。　逾约：超过约定的期限。

▶ 材料二：魏文侯与虞人期猎

> 魏文侯与虞人期猎。是日，饮酒乐，天雨。文侯将出，左右曰："今日饮酒乐，天又雨，公将焉之？"文侯曰："吾与虞人期猎，虽乐，岂可不一会期哉！"乃往，身自罢之。
>
> ——《战国策·魏策一》

注释

虞人：专门管理山林、川泽的官员。　期猎：约定好打猎时间。

是：这。　　　　　　　　　　　　左右：随从的侍臣。

焉：哪里。　　　　　　　　　　　身自罢之：亲自取消宴席。

材料三：商鞅立木

　　令既具，未布，恐民之不信，乃立三丈之木于国都市南门，募民有能徙置北门者，予十金。民怪之，莫敢徙。复曰："能徙者予五十金。"有一人徙之，辄予五十金，以明不欺。卒下令。

——《史记·商君列传》

注释

令既具：商鞅变法的条令已准备就绪。

布：公布。

募民有能徙置北门者：招募能把木头搬到北门的人。

怪：奇怪。

辄予：就给。

卒下令：最终顺利颁布变法的条令。

温馨提示：请以小组为单位完成下列活动。

活动一（口头表达）：请在组长的带领下，通过联系上下文、同伴互助、请教老师等方式读懂三则文言文，并以小组形式上台进行故事内容分享。

活动二（阅读理解）：请分别从上述文言文中找出体现作者诚信品质的句子，并就任意一则材料写下自己的体会。

_____

_____

活动三（思考预测）：不敢稍稍超过约定的期限的宋濂、亲自告知虞人取消打猎的魏文侯，以及想要获得民众信任立木赏金的商鞅，拥有诚信品质的他们都有哪些成就呢？请你预测。

_____

　　师：我们敬爱的习近平总书记很喜欢中华传统文化，在很多公开场合的讲话上会引用古文经典名句。有一次，在二十国集团领导人峰会上引用了《管子·枢言》中的一句——诚信者，天下之结也。（刷亮金句）

　　结合上述选文，思考：习近平总书记为什么引用这句话？

　　总结：诚信是一种极为宝贵的品格，是一个人安身立命的根本；诚信也是一种责任，是社会安定、国家强大的关键所在。

四、联系现实，践行观念

师：同学们，诚信是如此重要，它不仅关系到个人，而且关系到国家的发展。那我们要如何践行诚信呢？

体验营：

1. 诚信故事分享会。

同学间分享自己或身边人的诚信故事，并讨论这些故事给我们的启示。

2. 你会怎么做？

你的好朋友在同学面前夸耀自己家里有三辆小汽车，但你清楚地知道他家里没有小汽车。

3. 承诺书制作。

制定一份个人向班级的承诺书，明确承诺内容、监督方式和违约责任，并在班级范围内进行签署和展示。

4 课堂实录

（课前互动）

师：上课。同学们好！

生：老师好！

师：中国是文明古国、礼仪之邦，重德行、贵礼仪，在世界上素来享有盛誉。经过几千年的发展和传承，形成了我们独有的中华传统美德。同学们知道中华传统美德有哪些吗？

生1：勤俭节约。

生2：孝顺父母。

生3：尊老爱幼。

生4：诚实守信。

老师：历朝历代基本形成了"仁、义、礼、智、信"的传统美德。今天我们一起来学习其中的"信"。

一、视频导入，激活认知

老师：同学们，2023年5月22日，由中国公共关系协会和汉中市人民政府共同主办的2023"一带一路"年度汉字发布活动在陕西汉中举行，揭晓"信"字为2023"一带一路"年度汉字。我们一起回看一下当时的视频……

老师：一个"信"字荏苒千年，发展变化（相机隶书板书："信"）。中国汉字近十万，常用的都有五千，为什么偏偏就"信"字能成为"一带一路"年度汉字呢？"信"字的背后藏着什么？

老师：你们能够用"信"组词吗？

生1：相信。

老师：真好。请你把"相信"写在黑板上任何一个地方。还有吗？

生2：信心。

老师：请你上去写。

生3：信用。

老师：请你上去写。

生群：自信、信封、书信、半信半疑、信守、信奉、信任、信息、信箱、密信、宠信……

老师：还有吗？

生6：信誓旦旦。

老师：太好啦。从两个字的词开始组四个字的词了。请写上去。

生群：难以置信、信口开河……

老师：厉害了，同学们！写了满满的一黑板。

老师：同学们用"信"组的词，就是你们对"信"字的理解。那么，"信"字本来的意义是什么呢？我们来看看"信"字的金文，目前发现最早的"信"字见于金文，左边一个人右边一个口。后来在演变的过程中，在右边的口字上面又增加了"辛"字，表示"信"就是说出的话，即使再辛苦，也要做到。

【教学意图】

课堂教学从"信"汉字入手，适当地用2023"一带一路"年度汉字发布仪式视频设置一种悬念，激发学生探究欲望和阅读兴趣。通过用"信"组词调动出学生对"信"的已有理解，学习从"散漫"开始，为后面逐步走向"惊人"铺垫；再让学生在"画说汉字"中，形成"信"的初步认识——说出的话，就要做到。

二、阅读文本，建构认知

老师：中国汉字近十万，常用字五千，为什么"一带一路"年度汉字会选择"信"字？这个字背后一定藏有深厚的中国文化。请大家拿起文稿，读一读。

材料一：子贡问政

子贡，姓端木名赐，是孔子的得意门生，"孔门十哲"之一。要知道，孔子有弟子三千人呢！能被纳入"孔门十哲"，可见其学问、能力不一般。这个人不但能把生意做得风生水起，给后世留下了"端木遗风"的美谈，而且他的学问造诣很深，在求学问道上总有一股刨根问底的执着劲儿。

有一段时间，子贡一直在思考关于治国理政的问题，但苦思冥想却不得其法，于是他便找到孔子，恭敬地请教道："老师，有一个问题一直困扰我，我日思夜想，却百思不得其解。"孔子听后，微微一笑："不妨说来听听，我们一起探讨吧！"子贡一步上前，面露困惑之意："老师，一个国家若想国泰民安，需要哪些条件呢？"

> 子贡问政。
> 子曰："足食，足兵，民信之矣。"
> 子贡曰："必不得已而去，于斯三者何先？"
> 曰："去兵。"
> 子贡曰："必不得已而去，于斯二者何先？"
> 曰："去食。自古皆有死，民无信不立。"
> ——《论语·颜渊》

【注释】
子贡：孔子的弟子。　问：请教。　政：治理国家的方法。
足：使充足。　食：粮食。　兵：军队、战备，兵力。

思考：1. 孔子认为治国理政最重要的是什么？
　　　2. 子贡是怎样问的？孔子是怎样回答的？
　　　3. 你能把这段话的完整意思说给大家听吗？
　　　4. 联系生活实际：生活中，真的是这样吗？

老师：都读完了吧？从材料一中，你懂得了孔子认为治国理政最重要的是什么？

生：诚实守信。

老师：你的依据是什么（可用文本原句说明）？

生：民无信不立。

老师：真好，找得非常准确！民无信不立，孔子认为诚信是立国之本。

老师：子贡是怎么问的？孔子是怎么答的？

生：子贡曰："必不得已而去，于斯三者何先？"曰："去兵。"

老师：这是一问一答，还有没有？

生：子贡曰："必不得已而去，于斯二者何先？"曰："去食。自古皆有死，民无信不立。"

老师：这是第三次问答，还有第一次呢？

生：子贡问政。子曰："足食，足兵，民信之矣。"

老师：这是第一次问答。

老师：在这三问三答中，我们可以看出诚信的重要，孔子认为"民无信不立"。

老师：我们一起分角色读一读，现在老师是子贡，你们是孔子。一起读……

（师生分角色读）

老师：结合注释，谁能试着把这段话的意思说一说？

生：子贡向孔子请教治理国家的办法。孔子说：粮食充足，军备充足，民众信任朝廷。子贡问：如果迫不得已要去掉一项，三项中先去掉哪一项呢？孔子说：去掉军备。子贡又问：如果迫不得已还要去掉一项，在这两项中先去掉哪一项？孔子说：去掉粮食。自古以来，人都要死，但如果没有百姓的信任，就不能够立足了。

老师：真棒！说得非常好。我们一起来读一读，老师读原文，你们读译文。

老师：子贡问政。

生：子贡向孔子请教治理国家的办法。

老师：子曰："足食，足兵，民信之矣。"

生：孔子说：粮食充足，军备充足，民众信任朝廷。

老师：子贡曰："必不得已而去，于斯三者何先？"

生：子贡问：如果迫不得已要去掉一项，三项中先去掉哪一项呢？

老师：曰："去兵。"

生：孔子说：去掉军备。

老师：子贡曰："必不得已而去，于斯二者何先？"

生：子贡又问：如果迫不得已还要去掉一项，在这两项中先去掉哪一项？

老师：曰："去食。自古皆有死，民无信不立。"

生：孔子说：去掉粮食。自古以来，人都要死，但如果没有百姓的信任，就不能够立足了。

老师：民无信不立，生活中真的是这样吗？

生1：周幽王烽火戏诸侯。

生2：狼来了。

老师：最简单的事例：抗战时期，当时的中国无兵、无食，但有中国共产党，有老百姓的信任，最终取得了伟大的胜利。所以"民无信不立"（刷红金句）。

> 【教学意图】
>
> 通过材料一子贡问政的故事带领学生学习《论语·颜渊》的文言文。将文言文融于故事中，通过三问三答的形式，引导学生提炼金句"民无信不立"。再通读分角色读，师生共读，原文译文同读，一步步地读准、读通、读懂文言文。学生读着读着，自然而然地感受了文言文语言的魅力，背诵了金句。最后联系生活，用抗战时期中国共产党的故事，让学生深刻理解"民无信不立"，既学习了文言文，又进行了思政教育，可谓一举两得。

三、积累素材，感悟真知

老师：同学们，其实在日常学习和生活中，经常能看到"诚信"的踪迹。首先，在以往的课文学习过程中，就能找到"诚信"的身影。

生1：之前我们学习过《灰雀》《我不能失信》等课文，我还记得《灰雀》讲的是那个把灰雀捉走的小男孩遵守对列宁的承诺，把灰雀送回森林里。

生2：在课文中我们还学习了好几句与"诚信"有关的名言，例如"与朋友交，言而有信""小信成则大信立"等等。

生3：不仅如此，社会主义核心价值观里也有"诚信"二字，而且我们很多同学的名字也经常带有"诚"字。

老师：你们真了不起。分享了书本里和生活里的"诚信"。那接下来还请同学们看向手中的学习单。这里面有三则诚信小故事。老师给你们十分钟的时间，在组长的带领下，分别完成活动一至三。

（小组交流）

▶ 材料一：送东阳马生序

> 余幼时即嗜学。家贫，无从致书以观，每假借于藏书之家，手字笔录，记日以还。天大寒，砚冰坚，手指不可屈伸，弗之怠。录毕，送走之，不敢稍逾约。
>
> ——〔明〕宋濂

【注释】

　　公元1378年（明洪武十一年），宋濂告老还乡的第二年，应诏从家乡浦江（今浙江省浦江县）到应天（今江苏南京）去朝见，同乡晚辈马君则前来拜访，宋濂写下了此篇赠序。

　　余：我。

　　砚冰坚：砚台里的墨汁结了冰。

　　计日以还：计算着日期按时送还。

　　逾约：超过约定的期限。

材料二：魏文侯与虞人期猎

　　魏文侯与虞人期猎。是日，饮酒乐，天雨。文侯将出，左右曰："今日饮酒乐，天又雨，公将焉之？"文侯曰："吾与虞人期猎，虽乐，岂可不一会期哉！"乃往，身自罢之。

——《战国策·魏策一》

【注释】

　　虞人：专门管理山林、川泽的官员。

　　是：这。

　　焉：哪里。

　　期猎：约定好打猎时间。

　　左右：随从的侍臣。

　　身自罢之：亲自取消宴席。

材料三：商鞅立木

　　令既具，未布，恐民之不信，乃立三丈之木于国都市南门，募民有能徙置北门者，予十金。民怪之，莫敢徙。复曰："能徙者予五十金。"有一人徙之，辄予五十金，以明不欺。卒下令。

——《史记·商君列传》

【注释】

　　令既具：商鞅变法的条令已准备就绪。

　　募民有能徙置北门者：招募能把木头搬到北门的人。

　　怪：奇怪。

　　布：公布。

　　辄予：就给。

　　卒下令：最终顺利颁布变法的条令。

温馨提示：请以小组为单位完成下列活动。

活动一（口头表达）：请在组长的带领下，通过联系上下文、同伴互助、请教老师等方式读懂三则文言文，并以小组形式上台进行故事内容分享。

活动二（阅读理解）：请分别从上述文言文中找出体现作者诚信品质的句子，并就任意一则材料写下自己的体会。

活动三（思考预测）：宋濂、魏文侯，以及商鞅都有哪些成就呢？请你预测。

师：现在请大家看向第一项活动，哪个小组上台分享？

生1：我们小组通过结合注释及联系上下文的方式知道了《送东阳马生序》这个故事的大概意思是：宋濂年幼时就爱学习。因为家中贫穷，无法得到书来看，常向藏书的人家求借，亲手抄录，并约定日期送还。天气酷寒时，砚池中的水冻成了坚冰，手指不能屈伸，但他依然不放松读书。抄写完后，赶快送还人家，不敢稍稍超过约定的期限。

生2：我们小组通过集体交流，知道了《魏文侯与虞人期猎》的大概意思是：魏文侯同掌管山泽的官员约定去打猎。这天，魏文侯与百官饮酒非常高兴，天下起雨来。文侯要出去赴约，随从的侍臣说："今天饮酒这么快乐，天又下雨了，您要去哪里呢？"魏文侯说："我与别人约好了去打猎，虽然在这里很快乐，但是怎么能不去赴约呢？"于是自己前往约定地点，取消了宴席。

师：是的，《商鞅立木》的故事其实我们在小的时候也读过，这个故事讲述的是商鞅为了实现变法，赏金五十的故事。看来同学们通过集体智慧，很快知道了三则故事的内涵，现在我们来看第二项活动，你们都能找出体现作者诚信品质的句子，并写下自己的体会了吗？

生1：我觉得宋濂身上就有舍得吃苦和信守诺言的品质，他与别人约定日期送还图书，从来都不会超过约定的期限。

师：是的，关于宋濂借书的故事还有一段佳话：母亲心疼宋濂天寒地冻抄书，手上都是冻疮，说这么冷的天，晚一两天把书送还，别人也不会怪罪的。宋濂却说："母亲，已经与别人约定好时间，如果没有在规定的时间内还书，以后就不会有人借书给我了。"

生2：我觉得魏文侯身上也有诚信的品质，例如他当天跟属下吃酒聊天非常开心，当天还下着大雨无法打猎，但他还是暂停喝酒娱乐，亲自前往向管理山林的官员告知打猎取消的事情。

师：宋濂、魏文侯以及商鞅都有哪些成就呢？请你们预测。

生1：我觉得长大后的宋濂很有可能成为大官，照拂一方百姓。

生2：我相信魏文侯能够把国家治理得很好，因为他尊重每一个人，非常讲诚信。

生3：商鞅的变法肯定很成功。

师：的确，正如你们所言。请看着三则文言文的结尾句："以是人多以书假余，余因得遍观群书。""魏于是乎始强。""行之十年，秦民大说，道不拾遗，山无盗贼，家给人足。"

师：请大家看向大屏幕。宋濂，最终成为元末明初著名政治家、文学家、史学家。《送东阳马生序》等作品更是脍炙人口，流传千古。魏文侯，成为战国初期魏国开国君主，礼贤下士、重用人才、鼓励农桑，使魏国焕发出勃勃生机。商鞅，为秦国的崛起和统一中国奠定了坚实的基础，被誉为中国历史上真正的改革家。

师：一个人拥有"诚信"的品质。

生1：他自己也会走向成功；

师：对待他人足够真诚，讲信用。

生2：他会成为值得大家信任的人，大家都会遵守社会的约定。

师：君王本身注重"诚信"。

生：这个国家就会越来越强大。

师：难怪习近平总书记在二十国集团领导人峰会上引用了《管子·枢言》中的一句——**诚信者，天下之结也。**（刷亮金句）

师：诚信，于个人、社会、国家而言都是非常重要的品质！

【教学意图】

围绕"诚信"这个主题，选择了《送东阳马生序》《魏文侯与虞人期猎》《商鞅立木》三则材料，并设计了三项学习活动：一来强调诚信的重要性；二来培养学生的历史文化素养；三来引导学生进行道德思考和行为选择，帮助学生深刻理解诚信的重要，并帮助学生形成"诚信"的价值观和道德观。

四、联系现实，践行观念

师：同学们，诚信是如此的重要，它不仅关系到个人，而且关系到国家的发展。那我们要如何践行诚信呢？请看本次"体验营"活动。

体验营：

1．诚信故事分享会。

同学间分享自己或身边人的诚信故事，并讨论这些故事给我们的启示。

2．你会怎么做？

你的好朋友在同学面前夸耀自己家里有三辆小汽车，但你清楚地知道他家里没有小汽车。

3．承诺书制作。

制定一份个人向班级的承诺书，明确承诺内容、监督方式和违约责任，并在班级范围内签署和展示。

生1：我学习到了"民无信不立"以及"诚信者，天下之结也"两个金句，今晚我还会与父母分享《商鞅立木》的故事。

生2：围绕"体验营"的第二个活动，我会告诉他：诚信是每个人都应具备的品质，我会用今天学习到的三个故事劝告他，坦诚面对自己和他人，不要夸大其词或者虚构事实，只有这样，才能获得真正尊重和信任。

师：同学们，通过本节课的学习，我们理解了"信"的文化内核，明白了"为什么要讲诚信""诚信的内涵是什么"。接下来，希望大家在具体的实践中做一个大写的新时代诚信少年。

【教学意图】

通过具体的实践活动，加深学生对诚信价值观的理解和认同，让学生通过分享诚信故事，深刻理解和感受诚信的重要性，同时通过签署诚信承诺书，将诚信的理念内化为自己的行为准则，强化学生的诚信意识，并鼓励他们在实际生活中践行诚信，从而形成积极的道德品质和社会责任感。

第十二课

上善若水

善　善　善　善　善　善　善
善　善　善　譱　譱　譱　譱

【善】

善

甲骨文中"善"为用"目"看"羊"，表示看来十分美好。

① 学习内容

▶ 材料一：善的名句

孔子曰："三人行，必有我师焉，择其善者而从之，其不善者而改之。"——《论语·述而》

子曰："见善如不及，见不善如探汤。"——《论语·季氏》

勿以恶小而为之，勿以善小而不为之。——《三国志·蜀书·先主传》

人之初，性本善，性相近，习相远。——《三字经》

善，德之建也。——《国语·晋语四》

善人者，人亦善之。——《管子》

君子莫大乎与人为善。——《孟子·公孙丑上》

▶ 材料二：上善若水

水善利万物而不争，处众人之所恶，故几于道。居，善地；心，善渊；与，善仁；言，善信；正，善治；事，善能；动，善时。夫唯不争，故无尤。

——《道德经》第八章

【注释】

上善：最高等的善。

若：像。

处：停留、居住之意。

恶（wù）：憎恶；讨厌；不喜欢。

几（jī）：作"接近"解。

地：低下、卑下的意思。

渊：深的意思。心善渊：表面宁静，但内心学识渊博，有涵养。

与善仁：与万物接触，与人交往要友好。

正善治：管理、办事公正、公平。

尤：通"忧"，忧患。

▶ 材料三：石缝流米

诗人屈原在幼年时期就有悲天悯人的情怀。当时正逢连年饥荒，屈原家乡的百姓们吃不饱、穿不暖，时有沿街乞讨、啃树皮、食埃土者，幼小的屈原见之不禁伤心落泪。

一天，屈原家门前的大石头缝里突然流出了雪白的大米，百姓们见状，纷纷拿来碗瓢、布袋接米，将米背回了家。

不久，屈原的父亲便发现家中粮仓中的大米越来越少，他很是奇怪。

有一天夜里，他发现屈原正从粮仓里往外背米，便将屈原叫住，一问才知道原来是屈原把家里的米灌进了石缝里。

父亲没有责备屈原，只是对他说："咱家的米救不了多少穷人，如果你长大后做官，把楚国管理好，天下的穷人不就有饭吃了吗？"

自此，屈原勤奋治学，成人后楚王得知他很有才能，便召他为官，管理国家大事。他为国、为民尽心尽力，被后世之人称颂，真正做到了由小善转为大善。

自学要求

1. 搜集古代典籍中跟善有关的句子，理解大意。

2. 反复朗读这一段文言文，读准生僻字，读通句子。留意"注释"和"译文"，了解文言文的大致意思。

3. 想一个生活中友善的事例。

③ 教学设计

学习内容

文言文:《三字经》《道德经》节选语段。

学习目标

1. 引领学生探究字源,理解并积累经典语句,读准、读通、读懂所选语段的文言文,感受"善"文化的源远流长。

2. 结合文言文内容,理解"与人为善""明德至善""上善若水"的中华优秀传统文化。

3. 联系生活实际,培育和践行社会主义核心价值观——"友善"。

教学重难点

教学重点:在梳理文言文内容的过程中,理解"善"的文化内核。

教学难点:读准、读通、读懂文言文的内容,感受文言文的语言风格。

教学时间

1课时。

教学准备

学生收集关于"善"的名言名句。

教学过程

一、师生对话，初步感知

1. 师生对话，引发思考。

师：我们走完了人生的第一个十年，已经是个小大人了，那么对于未来你想成为什么样的人，有没有一个目标呢？让你选三个关键词，你会选什么呢？（PPT出示很多关于品质的词语，下面一句话：我想成为_____的人）

2. 公布关键词来源：课前搜集学生家长的调查问卷，聊一聊期望孩子未来成长为什么样的人。提炼关键词，成为学生选择的参考词语。

3. 总结关键词，提出议题——善。

这些美好的品质中，有很多人的选择中都出现了这个词——善良，在造字的渊源之中，"善"就是象征了美好。（板书"善"）

二、追根溯源，形成认知

1. 探究字源，了解演变。

课件出示甲骨文，猜字，观察了解"善"字的演变过程。

师：大家认真观察，在"善"字的发展变化过程，有什么发现？

师：是的，始终有一个部首没有变化。

教师讲解"羊"部首不变的文化：羊的性格温顺，羊肉味美，祭祀常用羊，象征美好。

引导："善"就是用眼睛观察到别人的美好！

2. 金句分享，形成理解。

师：你怎么理解"善"的含义呢？看看古人先贤的智慧。

出示关于"善"的句子（学生提前预习，了解大意），小组讨论，选择最能体现你理解的善的三句话。

学生分享对"善"的理解，适时积累关于善的名言名句。学生分享后，再读一读经典语句。

课件出示

▷ 三人行，必有我师焉，择其善者而从之，其不善者而改之。——《论语·述而》

◎ 见善如不及，见不善如探汤。——《论语·季氏》

◎ 勿以恶小而为之，勿以善小而不为之。——《三国志·蜀书·先主传》

◎ 人之初，性本善，性相近，习相远。——《三字经》

◎ 善，德之建也。——《国语·晋语四》

◎ 善人者，人亦善之。——《管子》

◎ 君子莫大乎与人为善。——《孟子·公孙丑上》

组织讨论并小结："善"是人之根本，是对他人的亲和！

3. 语段学习，深化内涵。

【课件出示】上善若水。

水善利万物而不争，处众人之所恶，故几于道。居，善地；心，善渊；与，善仁；言，善信；正，善治；事，善能；动，善时。夫唯不争，故无尤。——《道德经》第八章

【注释】

上善：最高等的善。若：像。

处：停留、居住之意。

恶（wù）：憎恶；讨厌；不喜欢。

几（jī）：作"接近"解。

地：低下、卑下的意思。

渊：深的意思。心善渊：表面宁静，但内心学识渊博，有涵养。

与善仁：与万物接触，与人交往要友好。

正善治：管理、办事公正、公平。

尤：通"忧"，忧患。

（1）多种形式读，读准确、读通顺、读连贯。

（2）结合注释解其意，小组合作。

（3）多种形式助理解、汇报交流：学习水的八德。

（4）尝试背诵。（板书：上善若水）

4. 故事阅读，深刻感受。

课件出示"石缝流米"的历史典故，如何做到"善"呢？

【课件出示】：

附：【历史典故】诗人屈原在幼年时期就有悲天悯人的情怀。当时正逢连年饥荒，屈原家乡的百姓们吃不饱、穿不暖，时有沿街乞讨、啃树皮、

食埃土者，幼小的屈原见之不禁伤心落泪。

一天，屈原家门前的大石头缝里突然流出了雪白的大米，百姓们见状，纷纷拿来碗瓢、布袋接米，将米背回了家。

不久，屈原的父亲便发现家中粮仓中的大米越来越少，他很是奇怪。有一天夜里，他发现屈原正从粮仓里往外背米，便将屈原叫住，一问才知道原来是屈原把家里的米灌进了石缝里。

父亲没有责备屈原，只是对他说："咱家的米救不了多少穷人，如果你长大后做官，把楚国管理好，天下的穷人不就有饭吃了吗？"

自此，屈原勤奋治学，成人后楚王得知他很有才能，便召他为官，管理国家大事。他为国、为民尽心尽力，被后世之人称颂，真正做到了由小善转为大善。

引导总结：善，就是替别人着想。为他人着想为小善，为社会、国家着想为大善。

三、联系生活，践行真知

1. 领会了"上善若水"的文化，社会主义核心价值观中就有一个跟我们今天讨论主题一样的价值观，是什么？（友善，这是从古至今我们的为人处世的价值追求。）

2. 你以后在生活中会如何从身边事开始去践行友善呢？（帮助他人、友善待人、团结同学、包容大度、爱护环境、关爱动物……）

3. "体验营"活动："一个平时不遵守游戏规则的同学想跟你们一起玩游戏，你会怎么做？"

4. "善"文化是人类文化的智慧结晶。"知善、行善、扬善"的使命任重而道远，但只要人人竞相参与，以身践行，源远流长的善文化会爆发出前所未有的正能量，让我们把"善"作为我们为人处世的准则，让"上善若水"成为我们共同的精神追求，这个世界就凝聚成"人人为我，我为人人"的共和磁场，也就能够达成"天下一家，和和与共"的盛世。

下课。

④ 课堂实录

（组织上课）

一、师生对话，初步感知

师：同学们都是五年级的学生，大多数同学都满了十周岁了吧？

生：是的，我已经十一周岁了

师：我们走完了人生的第一个十年，已经是个小大人了，那么对于未来你想成为什么样的人有没有一个目标呢？让你选三个关键词，你会选什么呢？（PPT出示关于赞美人的品质的词语，下面一句话：我想成为_____的人）

生1：我想成为乐观向上、自强不息、善良的人。

生2：我想成为一个善良、正直、独立自主的人。

生3：我想成为心地善良、自信自强、乐观向上的人。

生4：我想成为聪明正直、乐观向上、明辨是非的人。

生5：我想成为友爱和善、勇敢、有担当的人。

生6：我想成为正直无私、诚信守诺、善良有爱的人。

师：好了，同学们，刚才大家都谈了未来想成为什么样的人，大家看一下这些词语，如果说有一个共同的特点，都是美好的品质。其实这些品质都来源于我们的父母对于我们成长的期盼，作为一个小大人，我们也要更清楚自己想成长为什么样的人。在这些品质中，最重要或者最基础的你认为是哪一个？（引导学生总结关键词，提出议题——善）

生1：我觉得可以概括为：有好品德。

生2：我觉得可以概括为：正直。

生3：我觉得是善良。

师：是呀，善为人之根本，在造字的渊源之中，"善"就是象征了美好。（板书"善"）

【教学意图】

课堂教学从与"善"相关的词语入手，让学生结合相关词语思考自己未来成长具有什么样的品质，通过"善"激发学生心中的那份美好愿望，逐步激发学生的探究欲望和学习兴趣。

二、追根溯源，形成认知

1. 探究字源，了解演变。

（课件出示甲骨文到楷书的字体演变过程，观察了解"善"字的演变过程。）

师：大家认真观察，猜一猜这个字是什么？

生：是"善"字。

师：是的，观察"善"字的发展变化过程，有什么发现？是的，始终有一个部首没有变化。你知道是什么吗？

生：我看出来了，是上面的那个部首。

生：是"羊"。

师：同学们很细心，是的，是部首"羊"，你知道为什么始终保持了"羊"这个部首吗？

生：我觉得羊很温柔，古人在造字的时候希望我们成为一个温柔的人。

生：我觉得羊的叫声好听，小羊叫起来的声音像喊：妈妈，妈妈最伟大。

生：我之前查资料知道，古人祭祀的时候用牛和羊，表示对神明的尊敬，希望神明能够保佑得到美好的生活。

师：大家说的都有道理：羊的性格温顺，祭祀常用羊，古代人们生活水平低，羊肉味美，对身体好，用"羊"做部首寄予了人们的一种美好愿望，象征美好。"善"就是用眼睛观察到别人的美好！

【教学意图】

结合"善"汉字演变，在观察并结合已有知识的基础上大胆猜测，充分调动学生学习的欲望，引导学生结合相关历史时期人们的生活实际展开思考，也是对学生的学习方式的一种引领：看待问题要结合实际，并有深入的思考，同时，也表明了一直以来，人们心中期望美好的愿望一直都在，这也是文化的一种传承。

2. 金句分享，形成理解。

师：你认为的"善"是什么？从古至今，沉淀了很多经典名句，大家课前收集了关于善的经典句子，现在来分享一下，先来看看古人先贤的智慧。（出示关于"善"的句子）请在小组内讨论，选择你认为最能体现你理解的善的一句话。

生：我选择这一句："三人行，必有我师焉，择其善者而从之，其不善者而改之。"（《论语·述而》）我们就要有谦虚的精神，选择善良的事去做，如果有不善的行为，一定要改正。

生：我选择这一句："见善如不及，见不善如探汤。"（《论语·季氏》）我们自己要有个标准，自己是否做到了善良，还有哪些地方没做好的，我们就要去完善，做到善良对待他人。

生：勿以恶小而为之，勿以善小而不为之。（《三国志·蜀书·先主传》）我特别欣赏这一句，要想有大善，必须从小善做起。

师：老师发现大家收集到的这些句子呀，虽然出处不同，有的是从个人角度说的，有的是从人与人交往的角度说的，都对我们解释了什么是"善"。所以，我们在平常就要反思自己的所作所为，保持我们的本心——善，发现有不好的行为时就要及时纠正过来。

生：善，德之建也。（《国语·晋语四》）

生：善人者，人亦善之。（《管子》）

生：君子莫大乎与人为善。（《孟子·公孙丑上》）

生：人之初，性本善，性相近，习相远。（《三字经》）人在刚出生时，本性都是善良的，性情也很相近。

师：这句话的真正含义在于人的向善之心，人有善的欲望和力量，人性的趋势永远都是向善的。可现实生活中，也有恶人呀，对此你有什么看法？

生：我觉得我们在成长过程中的环境很重要，会影响我们能否成为善人？

生：我认为，我们一直要保持善的本心，才不会被带坏。

师：是呀，同学们，善，就是主张人性的根源点是善的，有善的源端才会有善的行动。善恶，是由主客观的内因和外因影响导致的。再读一下这句话。

生齐读：人之初，性本善，性相近，习相远。

（学生分享对"善"的理解，积累关于善的名言名句。学生分享后，再读一读经典语句）

师：同学们，我们分享了古人的这些名言名句，现在，你们认为"善"是什么？

生：我认为善是做人最根本的品德，与生俱来就有的。

生：我觉得善可以是我们身边最小的一种希望大家都好的想法和做法。

生：我认为善是对待他人要和善，要温柔一些，也要看到对方的美。

师：是呀，同学们说得都很好，概括一下大家说的："善"是人之根本，是对他人的亲和！

【教学意图】

引导学生从课前搜集的资料中提炼出相应的名言名句，通过分析，引导学生进行进一步思考，在课堂的讨论交流中明确善的本意。从学生选择的名言名句出发，挑出学生熟悉的《三字经》中的语句，结合现实生活实际，引导学生通过辩论明确，从善还是从恶最主要的是自身内因和外部环境的影响，保持善心，经得住外部环境的诱惑。

3. 语段学习，深化内涵。

课件出示：上善若水。

水善利万物而不争，处众人之所恶，故几于道。居，善地；心，善渊；与，善仁；言，善信；正，善治；事，善能；动，善时。夫唯不争，故无尤。——《道德经》第八章

【注释】

上善：最高等的善。若：像。

处：停留、居住之意。

恶（wù）：憎恶；讨厌；不喜欢。

几（jī）：作"接近"解。

地：低下、卑下的意思。

渊：深的意思。心善渊：表面宁静，但内心学识渊博，有涵养。

与善仁：与万物接触、与人交往要友好。

正善治：管理、办事公正、公平。

尤：通"忧"，忧患。

师：同学们试着读，试着做到读准确、读通顺。（学生自由读，之后指读、齐读等多种形式读）

师：现在结合注释，小组合作，尝试理解文段的意思。等一下我们一起来理解一下。（学生讨论）

师：现在我们一起来交流一下。（结合注释、关键词的理解，翻译文段的意思）

生：拥有最高修养的人就如同水。

师：为什么老子会选择水比喻最高的善？

生：水对世上万物都有好处，但却从来不与别的相争。

生：水善于滋养万物而不与万物相争。

师：从这里你看出了水的什么品质？

生：我觉得水很包容，很大度。

生：我认为水有一种博爱的精神，爱世间万物，而不计较功名。

生：比如：水往低处流，水停留在众人都不愿居处的地方，接近于"道"。

师：老子在自然界万物中最推崇水，认为水德是接近道的。为什么水德接近道呢？

生：不与别人争利，很谦虚。

生：它包容一切，对万物等同看待，毫无偏私。

师：宁可居处在别人不愿意居处的位置，也不去与人争利，因此也就不会招来别人的责怪和怨恨。我们继续理解。

生：居善地。水善于找准自己的位置，甘心处在下处。

师：做人宜往下走，眼睛要向下看。

生：心善渊。水有广阔的心胸，很大度，很包容。

师：想起了那句——海纳百川有容乃大，切莫狭隘。

生：与善仁。做到与人为善，而不是与人为恶。

师：能够成就万物。

生：言善信。水说到做到，身随声走，毫不虚夸，更从不欺世盗名。

师：信守承诺。

生：正善治。水能满足人的饮用需要，也能推动水车促进生产，还能做其他很多事情。

师：水有自己的规律和章法，且具有稳定性和可持续性。如果依照此法为政，就可以避免扰民害民，为百姓做更多的好事情。

生：事善能。水善于发挥自己的长处。

师：比如能量、冲流、浮载、灌溉、洗涤、溶解、调节等，你想做什么，它都能帮助你。

生：动善时。时机未到，决不轻举妄动；时机一到，则应立即行动。

师：水善于把握时机。

生：正因为与一切无争，所以没有过失，心中也不会有遗憾。

师：这样的人，居处善于选择卑下之地，心胸善于保持沉静而深不可测，待人总能真诚、友爱、无私，言谈总能恪守信用，为政总能把国家治理好，处事善于发挥所长，行动善于把握时机。正因为不与万物相争，也就不会引来责怪和怨恨，善，如水，老子概括得好啊——**上善若水**。

师：我们再来读一读，尝试背诵。（看着课件留空白、变换格式、给图等多种形式，引导学生读、背）

【教学意图】

引导学生结合文言文段的学习，理解"上善若水"的含义，通过阅读、讨论和反思，从多角度分析"上善若水"的哲理，提高其思辨能力和创新思维，培养学生独立思考和解读古典文化的能力，引导学生学习水的智慧，培养谦逊、包容、坚忍不拔的品质，激发学生对中国传统文化的兴趣，培养其文化自信。

4．故事阅读，深刻感受。

师：我怀着一颗真诚待人的心，在任何情况下学会换位思考，善意表达。那么在我们的生活中，怎样做才是善呢？（课件出示"石缝流米"历史典故。）

（课件出示，材料）

诗人屈原在幼年时期就有悲天悯人的情怀。当时正逢连年饥荒，屈原家乡的百姓们吃不饱、穿不暖，时有沿街乞讨、啃树皮、食埃土者，幼小的屈原见之不禁伤心落泪。

一天，屈原家门前的大石头缝里突然流出了雪白的大米，百姓们见状，纷纷拿来碗瓢、布袋接米，将米背回了家。

不久，屈原的父亲便发现家中粮仓中的大米越来越少，他很是奇怪。

有一天夜里，他发现屈原正从粮仓里往外背米，便将屈原叫住，一问才知道原来是屈原把家里的米灌进了石缝里。

父亲没有责备屈原，只是对他说："咱家的米救不了多少穷人，如果你长大后做官，把楚国管理好，天下的穷人不就有饭吃了吗？"

自此，屈原勤奋治学，成人后楚王得知他很有才能，便召他为官，管理国家大事。他为国、为民尽心尽力，被后世之人称颂，真正做到了由小善转为大善。

师：同学们，读了这个故事，你认为善是什么？

生：善是主动帮助他人。

生：善是心中有爱，替别人想。

生：善是自己有的与人分享，己所不欲，勿施于人。

师：是呀，悯人为小爱，悯国为大爱。**善，就是替别人着想。**为他人着想为小善，为社会、国家着想为大善。

【教学意图】

故事具有情境性，能够很好地激发学生的好奇心和探索欲。故事的主人公屈原是孩子们熟悉的中国历史上著名的爱国诗人，他的故事和诗歌在中国文化中占有重要地位。故事中屈原的做法正是他悲天悯人情怀的体现，也是中国传统文化中"仁爱"思想的具体实践。通过故事，引导学生培养同情心、责任心和助人为乐的品质，更是让学生们明白了在生活中如何行善，顺理成章地过渡到下一环节的教学。

三、联系生活，践行真知

师：领会了"上善若水"的文化，社会主义核心价值观中就有一个跟我们今天讨论主题一样的价值观，是什么？

生：友善。

师：是的，友善是从古至今我们为人处世的价值追求。那么你以后在生活中会如何从身边事开始践行友善呢？我们先来看一个视频，再来自由地说一说。

生：我会主动帮助有需要的人，助人为乐就是践行友善。

生：在公交车上看到老人，我会主动给他让座；在路上看到老人，我会主动帮助他。

生：我觉得对别人的包容理解，也是一种友善。

生：我会与人为善，对别人报以善意相处，多替别人想，这样人与人之间会少很多矛盾。

师：同学们结合实际说得很好，那么除了与人相处中有友善之心，在这广阔天地之间，还可以对什么友善待之呢？

生：大自然是我们的朋友，我们也要对自然中的花草树木友善，要爱护环境，保护自然。

生：我同意你的想法，我认为对于各种动物也是一样，它们也是活生生的生命，我们也要爱护动物，不虐待动物，更不能为了金钱任意捕杀动物。

师：你们都有一颗博爱之心，有大爱啊。对于大自然中的一切，我们也要尊重它们，友善对待，这样人类与自然才能更和谐、长久地相处。

师：同学们善于思考，懂得了生活中践行友善的真谛。如果遇到这样的情境，你会怎么做呢？如果遇到一个平时不遵守游戏规则的同学想跟你们一起玩游戏，你会怎么做？

生：我会和他讲道理，也站在他的角度问问他是怎么想的，然后我们再来一起玩游戏。

生：我会提前把规则先强调，问他是否可以遵守，然后一起玩。

生：我会让一个特别遵守规则的同学和他组队，帮助他慢慢了解规则，遵守规则。

生：我会先夸一夸他别的优点，然后说游戏时按照规则进行你也一定可以做到，这样我们的游戏就能玩得更愉快了。

师：同学们，你们的方法都为他人着想，你们心中都有一颗友善的种子。善，是从古至今我们的为人处世的价值追求。回顾一下这节课的研讨探究，我们更进一步懂得了"善"就是——

生："善"就是用眼睛观察到别人的美好！

生："善"是对他人的亲和！

生：善，就是替别人着想。

师：老子曰：——（指板书）

生齐：上善若水。

师："善"文化是人类文化的智慧结晶。"知善、行善、扬善"的使命任重而道远，但只要人人竞相参与，以身践行，源远流长的善文化会爆发出前所未有的正能量，让我们把"善"作为为人处世的准则，让"上善若水"成为我们共同的精神追求，这个世界就会凝聚成"人人为我，我为人人"的共和磁场，达成"天下一家，和和与共"的盛世。

师：下课。

【教学意图】

将学习与生活实际相联系，学生可以更加深刻地认识到自己所学知识对社会的重要性。把课堂所学内容放在生活中实践，可以更好地指导学生的行为实践，培养学生的良好品质。

【教学后记】

在完成了这一主题的教学后，我深感到了中华传统文化的博大精深，同时也体会到了教育的魅力与挑战。这次教学不仅是对学生传授知识的过程，更是一次文化的传承与心灵的交流，让人受益匪浅。

图书在版编目（CIP）数据

一词一句一古文 / 余云德等编著. -- 北京：知识出版社，2024. 7. -- ISBN 978-7-5215-1249-6

Ⅰ. G624.203

中国国家版本馆CIP数据核字第2024AD5667号

一词一句一古文

余云德 等 编著

出 版 人	姜钦云
出版统筹	张京涛
责任编辑	易晓燕
责任校对	李 珒
装帧设计	侯童童
责任印制	吴永星
出版发行	中国大百科全书出版社　知识出版社
地　　址	北京市西城区阜成门北大街 17 号
邮　　编	100037
网　　址	http://www.ecph.com.cn
电　　话	010-88390725
印　　刷	保定市铭泰达印刷有限公司
开　　本	710 毫米 ×1000 毫米 1/16
字　　数	270 千字
印　　张	15.75
版　　次	2024 年 7 月第 1 版
印　　次	2024 年 7 月第 1 次印刷
书　　号	ISBN 978-7-5215-1249-6
定　　价	59.80 元

版权所有　翻印必究

如发现本书装订质量有问题，读者可与出版社联系调换。

联系电话：010-88390640